JN441315

당신이 그대로 계시므로

최 재 선 수필집

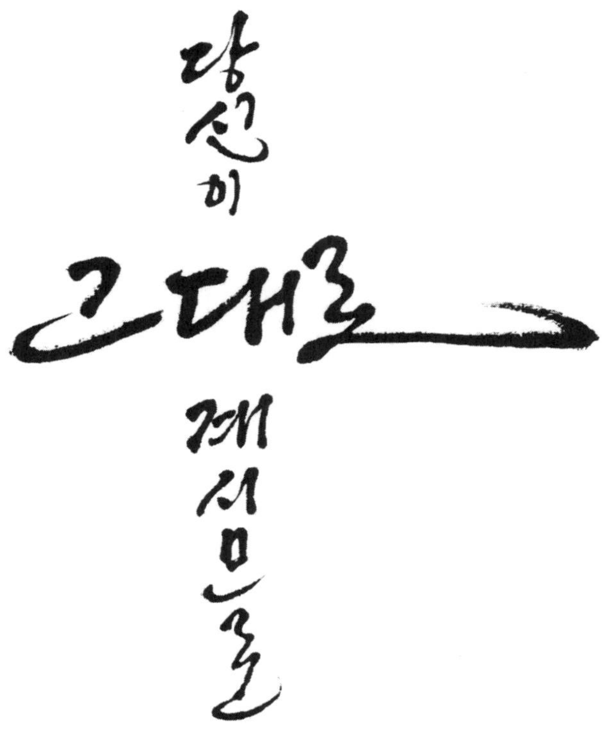

수필과비평사

| 작가의 말 |

『경전』을 빚은 지 이태 만에 탯줄을 자릅니다.
글쓰기는 저의 호흡이고 내일이고 전부입니다.
당신이 그대로 계시므로, 붓을 놓지 않겠습니다.
해찰하지 않겠습니다.

더 많이 살피고 사랑하겠습니다.

2025년 초여름

| 목차 |

2부

3부

4부

5부

1부

나이 듦의 역설

연구실 책을 정리하려고 우체국에 들러 종이상자를 몇 꾸러미 샀다. 늙지 않는 세월 앞에서 철들 줄 모르고 사는 뻔뻔함을 요즘도 여전히 누린다. 아버지께서 철물점에 들러 톱을 한 자루 사서 오라고 하신다.

집 바로 옆에 산이 있다. 소나무가 발 들일 틈 없이 일가를 이뤄 산다. 오래전, 큰바람이 들러 마을의 비닐하우스를 뒤집을 때, 소나무 두 그루가 덩달아 집 쪽으로 넘어졌다. 소나무는 몸져누우면서도 눈물샘을 곧장 닫지 않고 세 해 동안 눈물을 끈적끈적, 끈질기게 흘렸다. 나무의 눈물샘이 마르자 개미가 건축 허가도 받지 않고 구멍 집을 짓고 살림을 시작했다. 어쩌면 나무가 제 몸을 개미에게 무상으로 내어줬을지 모른다.

소나무에 톱을 갖다 댄다. 풍화된 겉옷이 톱을 올려놓자마자 단추를 알아서 푼다. 야윈 속살의 근력이 톱날 들어설 틈을 좀체 주지 않는다.

풍장 된 소나무의 몸은 고집을 부리지 않는다. 토막 난 몸이 생의 내력을 고스란히 기록하고 있다. 사람은 겉으로 나이를 먹지만, 나무는 속으로 나이를 먹는다. 나이테는 나이바퀴, 이른바 연륜이다. 나무는 자신의 몸에 톱을 받아들인 뒤에라야 나이를 말한다. 나이는 살아온 횟수가 아니라, 삶을 기록한 자서전에 가깝다.

인간은 하늘과 땅 사이에 존재하는 대표적인 생명체다. 하늘과 땅을 연결하는 매개체로서 하늘을 우러러보고 땅을 굽어보며 산다. 나무를 인간에 빗대면 목간(木間)쯤이 아닐까. 우리는 수직적 사고에 길들어 서열과 점수, 자리에 목을 매며 산다. 나이에 관한 개념도 일대기 개념인 통시적 시각으로 보기 마련이다. 나무는 수직의 통시적 개념뿐만 아니라, 공시의 수평으로 나이를 먹는다. 하늘을 우러러보고 땅을 살피며 사는 나무의 일생을 닮아 나무의 나이테는 동그랗다. 낮달의 빈 허리를 바라볼 시간 없이 땅에 있는 것에 눈을 잃고 사는 우리와 비교하랴.

나무의 나이테에는 삶과 죽음이 공존한다. 나이테의 가운데는 죽은 상태이며 가장자리는 살아있다. 종교는 삶과 죽음을 함께 이야기한다. 죽음에 관해 말하지 않으면 소망이 없다. 우리는 나이를 이미 살아온 시간으로 여겨 죽은 시간쯤으로 대한다. 살아온 시간 속에는 잊히지 않는 이름이 있고 지워지지 않는 계절이 있다. 살아서 추억하는 일이 있는가 하면, 지지 않는 꽃으로 피어 살아있는 기억이 있다. 추억과 기억의 분량은 나이테의 간격처럼 일정하지 않다. 나무나 우리의 삶이 기계로 만든 만두처럼 한 모양으로 빚기 어려우므로.

나무는 생의 결대로 나이를 먹는다. 사는 날, 바람이 불어닥치면 바람

결대로 흔들린다. 흔들리지 않으면 자신이 꺾이거나 뽑히는 걸 알므로. 따뜻한 시절에 쓴 葉書, 나뭇잎 편지를 늦가을 된서리에 익혀 바람 우표를 붙여 누군가에게 보낸다. 나무 시인이 葉書에 쓴 시를 읽어낼 줄 아는 독자가 달리기하듯 사는 사람 가운데 몇이나 되랴. 생의 결대로 살지 않으면 나무나 사람이나 온갖 시련과 마주한다. 시련이 마음의 독에 가라앉아 앙금이 되면 옹이로 자란다.

제 몸속으로 톱을 순순히 받아들인 마른 소나무가 꿈쩍하지 않는다. 옹이를 만난 것이다. 쓰러진 소나무의 옹이를 톱의 햇날이 건너지 못하고 주춤거린다. 옹이가 과거의 고통으로 맺힌 상처라면 톱날은 지금 당한 아픔쯤 될 터. 나무든 사람이든 제 몸에 옹이 몇 개쯤 안고 산다. 콘크리트 전봇대도 긴 나사 모양의 옹이를 수없이 품고 전기를 나르지 않는가. 고통의 강을 건넌 사람은 강을 건넌 만큼 세상을 버티는 내성이 크다. 아픔을 겪은 인생이 단단하고 삶의 중심이 눈부시다. 우황은 소가 담낭에 뭉친 아픔을 토해낸 명약이다.

아궁이에 들이기 알맞게 자른 나무를 처마 밑에 켜켜이 쌓는다. 자른 나무에서 나이테의 결대로 산사의 범종 소리가 깊게 피어난다. 종소리는 단순히 울림이나 떨림이 아니라, 깨우침의 맥놀이가 아닐까. 은은히 울리는 솔향은 종소리의 광배같이 폭넓게 맑다. 저들은 언젠가 마당귀의 벽돌 아궁이 솥에 메주콩을 삶거나 소뼈를 골 때, 어머니의 부채 바람에 불 숨을 쉬며 화력으로 살아날 것이다. 숯으로 남은 몸은 어느 날 생고기를 익힐 테고, 가루가 된 재는 텃밭의 부추꽃으로 하얗게 태어날 것이다. 낮게 쌓은 나무가 장작더미로 뵈지 않고 어느 해탈자로, 큰 말씀으로 자꾸 읽힌다.

은퇴를 달포쯤 앞두고 있다. 내 생의 나이테가 어느새 예순다섯에 이르렀다니. 스물일곱 해째, 방학마다 하룻날을 잡아 오전과 오후에 걸쳐 글쓰기 특강을 해왔다. 다른 해와 달리 강의 시간의 1분 1초가 소중하고 맛있다. 눈빛 한 송이마다 심장 같아 꺾을 수 없다. 새벽마다 특강에 참여하는 사람을 위해 기도하며 강의를 준비한다. 글쓰기는 생각과 삶의 근력을 불리지 않으면 입부터 꼬리까지 팥을 채우지 않는 붕어빵이 된다. 팥을 온전히 채우지 않은 붕어빵은 밀가루 냄새만 풍긴다. 오늘도 삶을 통해 몸소 깨우치게 하려고 내 삶의 나이테를 촘촘히 새긴다. 종소리로 흘러 마침내 젓기를. 요즘 글쓰기의 권태기를 맞고 있다며 풀이 죽은 한 제자와 내일 상담하기로 했다.

저녁답, 장작불 같은 노을 꼬리를 잡고 길에 오른다.

2025. 1. 22.

비움의 미학

정원 한쪽에 반송이 200여 그루 크고 있다. 4년생을 사다가 심은 지 열여섯 해에 이르렀으니, 올해 나이가 스무 살로 청년이다. 아버지께서 손질해오시다가 손길을 뗀 지 대여섯 해쯤 된다. 세월 앞에 장사 없다고 하잖는가. 전지를 해줘야 볕과 바람이 잘 들건만, 곳곳에 풍장을 치른 고사목이 여럿 있다.

어제부터 전지를 시작했다. 나무에 가위를 대는 것은 나무를 사랑하기 때문이라고 한다. 아버지는 나무를 솎으시고 나는 2미터를 웃도는 나뭇가지를 한 땀 한 땀 쳐냈다. 스무 해 전 분재를 배운 적이 있으나, 소나무를 전지하는 뒷배경은 어깨너머의 눈대중이 전부다. 다만, 글을 쓸 때 설계하거나 책을 읽을 때 목차를 훑어보는 식으로 나무를 읽어낸다. 오전에는 그럭저럭 재미있던 게 오후가 되자 온몸이 통증의 발원지가 되었다. 가위질한 오른손바닥에 여러 채의 물집이 들어서고 손의 감각은 마취한 것처럼 시들해졌다.

반송을 눈여겨보면 직선으로 곧은 데가 별로 없다. 이리 굽어지고 저리 휘어진 선이 한복의 바느질 선과 같다. 분재에서 나무의 형태를 잡을 때 철사를 쓰지만, 반송은 가위질을 통해 선을 잡는다. 가지를 자르다 보면, 불완전하다고 여기는 것 가운데 쓸모 있는 게 있다. 완전하다고 생각하는 것 가운데 형편없는 것도 있다. 쓸모 있음과 없음, 형편 있음과 없음의 기준은 나무에 관한 얄팍한 상식의 울타리 속에 있다. 존재의 고유한 가치나 본성을 존중하는 지혜의 갈증으로 늘 목마르다. 이 허기를 채우려고 우리는 평생 배우고 익히는 것일까.

장자의 우화 가운데 큰 나무에 관한 이야기가 있다. 함께 길을 가던 혜시가 나무가 구불구불하고 울퉁불퉁하여 쓸모가 없다고 말한다. 장자는 쓸모없어 보이는 게 나무를 살린 까닭이라고 한다. 쓸모 있게 보였다면 목수의 눈에 들어 베어지고 말았다는 것이다. 목수의 눈에는 비록 쓸모없어 보였을지라도, 나무는 그늘을 널찍하게 만들고 새를 품에 안는다.

빽빽한 가지 속에 새집과 벌집이 여러 채 있다. 새집과 벌집은 비록 비었지만, 마치 기억의 집처럼 활자로 읽힌다. 쇼펜하우어는 자신의 말과 행동을 기억하라고 했다. 어떤 일을 마주하거나 처한 상황에서 자신이 어떻게 말했고 행동했는지 기억하라는 것이다. 삶의 무대에서 우리는 대본 없이 연기하는 즉흥 배우가 아닐까. 전문 배우는 작가가 쓴 각본을 보면서 연기하지만, 우리는 연기를 하고 나서 각본을 나중에 쓴다. 자신의 말과 행동을 기억하는 방식으로 쇼펜하우어는 일기를 쓰라고 목소리를 높인다.

조경선 시인은 「기억을 걱정하라」는 시에서 "기억나지 않는 숲은 그때마다 멀어진다"라고 했다. 삶의 숲이 가뭇없는 풍경이 되지 않게 하려고 일기 쓰듯이 글집을 날마다 짓는다. 일곱 번째 수필집을 발간하려고 모 문화재단의 전문인 창작지원 사업에 응모했다. 3월 끝물이면 결과가 나온다. 결과가 어떻든 또렷하게 감사하려고 한다. 세 해 전, 공모사업을 통해 시집 『문안하라』를 출가시켰다. 한 번이면 됐다. 욕심을 지나치게 부리면 마음을 겨누는 비수가 된다. 어느 때보다 글을 쓸 때 의식의 바다가 윤슬처럼 빛난다. 적어도 글을 쓰는 동안 아픔이 무슨 빛깔인지, 불행이 어떤 표정인지 좀체 알 수 없다. 행복과 불행은 우리의 의식을 휘어잡는 게 무엇인지에 따라 낯빛을 달리한다.

이틀째, 우듬지를 보면서 나무를 자른다. 고개를 뒤로 젖히고 톱질이나 가위질을 하다 보면, 목의 감각이 통째 사라진다. 문득 미켈란젤로의 '천지창조'가 떠오른다. 그는 시스티나 성당의 천장화를 4년에 걸쳐 완성한다. 높이 20미터에 40미터 길이의 천장화를 선 채로 그렸다. 한 지인에게 보낸 편지에서 고통이 얼마나 심했는지 통증이 통통하게 스민다. 퉁퉁 부어오른 목, 하늘로 향한 턱수염, 뒤통수에 달라붙은 목덜미, 창자 속으로 파고든 허리에 이르기까지. "비참해진 나는 이제 예술가도 아니다."라는 편지의 끝 문장은 창작의 고통이 어느 정도인지 셈하기 어렵다.

20미터의 천장화가 아닌 2미터에 이르는 나무를 전지하면서 감히 미켈란젤로를 끌어들이다니. 부끄러움이 이내 물꼬 튼 논물처럼 흐른다. 부끄러움의 뒷굽쯤에서 전지는 나무의 수형을 창작하는 수행이라는 생각을 뜸들인다. 잠시도 집중하지 않으면 가위질을 헛방으로 하고 살려야 할 가지를 친다. 가지를 버리는 데 인색하면 바라는 수형을 잡을 수 없다.

아버지와 나무를 솎는 문제로 뜻이 어긋나기도 한다. 자신의 분신처럼 가꾼 나무를 베어내는데 아버지는 생각의 고개를 여러 차례 넘는다. 어떻게 기른 나무인데 밑동을 싹둑 잘라낼 수 있느냐는 식이다. 뭉크가 그린 대표작이 '절규'다. '절규'는 판화, 크레용화, 파스텔화, 유화에 이르기까지 서른 종이 있다. 뭉크는 자신의 작품을 팔고 나서, 모작을 계속 그리는 습성을 버리지 못했다. 작품에 대한 애착이 남달랐기 때문이다. 아버지의 나무에 대한 애정은 절규에 가깝다.

공자의 가르침이 아니더라도 아버지의 뜻을 거스르지 않으며 나무를 자른다. 글은 쓰는 것보다 거르는 게 더 힘들다. 나무는 심고 기르는 것보다 잘라내는 게 더 무겁다. 비우고 솎아내는 일은 마음을 비워야 용서할 수 있다. 마음을 비울 때 몸에 날개가 달린다. 대나무가 곧추 자라는 비결은 속을 텅 비웠기 때문일 것. 수도원에서 묵상하고 산사에서 동안거에 든 것만이 수행이 아니다. 맘속에 있는 모서리는 평생 잘라 없애야 할 수행이 아니랴.

내 안에 가위질해야 할 가지가 얼마나 무성한가. 솔향이 국지성 소나기처럼 쏟아진다.

2025. 3. 11.

말의 얼굴

주말, 마음의 끈을 느슨하게 푼 탓일까. 잠이 꼬리에 꼬리를 물고 따르는 은어 떼처럼 끊이지 않는다. 마음의 지느러미를 일으켜 오전, 맑은 별의 강으로 뛰어든다. 바람이 덩굴식물처럼 몸을 휘감는다. 바람은 때로 기다리지 않는 우체부다. 답장을 쓰고 싶지 않은 소식을 뜬금없이 들이민 손처럼. 며칠 사이 자란 여러 마리의 말이 달팽이관으로 맹렬하게 파고든다.

얼토당토않은 말은 며칠 전까지만 해도 순하디순한 토끼였다. 아무렇지 않다고, 괜찮다고, 알았다고 그랬다. 이랬던 말이 이 마을 저 마을을 칼이 되어 돌아다니다가 돌아왔다. 칼이 된 까닭에 대해 따지지도, 묻지도 않았다. 은행알을 밟으면 씻지 않은 발이 되고 말므로. 바람처럼 불다가 잠들겠거니 하며 마음을 쓰다듬었다. 바람은 바람으로 끝났을 뿐, 이 고샅 저 고샅을 유령처럼 떠도는 말은 여전히 칼이었다.

말의 칼은 좀체 녹슬지 않고 무뎌지지 않았다. 여럿을 상처 냈다. 어떤 이는 어깨를 흐느끼며 장막을 검게 쳤고 어떤 이는 눈 밑에 소금꽃을 피우며 눈길을 거뒀다. 글 나무를 키우면서 우듬지에 날마다 문장의 잎 하나라도 심는다. 글쓰기는 마음의 모서리를 뭉툭하게 줄이는 것이다. 풀꽃 한 송이 들여놓을 틈 없는 마음을 갈아엎어 부드러워지는 게다. 풀을 없애겠다며 농약을 치지 않고 호미로 땅의 가슴을 울리는 거다.

칼을 칼로 받으면 여럿이 다친다. 등 돌린 사람을 별이 풍성한 데로 부를 수 없고 눈길 거둔 사람을 영영 적으로 만든다. 앙갚음은 무의 살을 덧붙인 일밖에 한 일 없는 잎을 거꾸로 매달아 말리는 시래기와 같다. 우리는 모난 데라곤 하나 없는 삶은 달걀의 살점처럼 살 순 없다. 설령 이렇게 살아도 말을 칼로 만들면 살아온 삶이 치욕이 된다. 책을 읽다가 비수로 변한 한쪽의 문장으로 손을 벤 적이 있을 테다. 종이의 귀퉁이도 온순하지 않으면 날 선 칼이 된다.

펜이나 붓이 아닌 칼로 쓴 글은 황당한 소설이다. 인과가 결핍된 상상은 망상의 날개를 달고 난다. 내면의 깊은 소리에 귀 기울이지 않고 외눈의 직관으로 마침표를 찍는 작법은 얇은 유리그릇이다. 몸에 꽉 낀 옷은 입는 것보다 벗는 게 더 힘들다. 몸을 죄는 옷이 벗기 힘들다고 평생 입고 살 수 없는 일. 한두 번은 누군가가 옆에서 도움을 주겠지만, 자신이 옷에서 빠져나와야 한다. 말의 칼이 자신을 칼집에 넣고 잠잠하길 바랐다.

이런 바람은 12월의 마지막 날, 13월이 오기를 기다리는 격이다. 바람이 쌓일수록 절망의 지분이 늘어난다. 기억은 사춘기의 아이와 같아 지우려고 맘먹을수록 삐딱하게 명료해진다. 아프지 않기로 한들 아픔의 무게는 줄지 않는다. 무릎을 세운 흉터가 자리를 옮길 때마다 통증이 무성하다. 통증을 아릿하게 쟁일수록 용서가 불친절하게 늙는다.

새벽, 경전에서 뵌 문장이 황폐해진 마음을 쓰다듬는다. 다윗의 셋째 아들 압살롬은 아버지에게 대항하여 난을 일으켰다가 요압의 손에 죽는다. 아들이 죽었다는 소식을 듣고 다윗은 울부짖는다. "내 아들, 압살롬아. 내 아들, 내 아들, 압살롬아. 내가 너를 대신하여 죽었다면 압살롬, 내 아들아, 내 아들아." 자신을 배반한 아들이지만, 아들의 죽음에 대해 아버지로서 느끼는 참척지통의 아픔이 어느 정도인지 알 것 같다.

이 고통을 두 차례나 겪은 터라 다윗의 마음, 아버지의 마음을 십 분의 일쯤이라도 안다. 새까맣게 탄 가슴에 삽을 대면 닿는 게 없이 까마득한 벼랑이다. 오장육부가 밭고 창자가 녹아내린다. 세상에 흠 없는 것은 존재하지 않는다고 했던가. "벌어진 걸/ 흉이라 치지 말라// 그 사이로/ 바람이 호미질한다// 아스팔트 틈에 뜬/ 저어, 쇠별꽃// 네 가슴에 저런 금/ 한 뼘쯤 자라는가?// 별 하나 가찹게/ 농 건네고 있는가?" (자작시, 「쇠별꽃」 전문)

돌이켜보니, 마음이 쇠별꽃 한 송이 들여놓을 틈이 없을 만큼 척박했다. 금 간 곳이 한 뼘 없을 만큼 다윗의 마음, 아버지의 마음을 내주지 않았다. 별빛 한 가닥 앉았다 쉬어 갈 의자가 되지 않았다. 끼니는 건너뛰지 않는지, 가슴 덴 곳은 없는지, 얽히고설킨 삶이 잘 풀리는지, 안부를 먼저 넣어야 했다. 기상예보보다 앞서 비가 내린다.

머물 곳 없이 떠도는 말의 칼도 비에 젖고 있을까. 뾰쪽한 날이 녹물을 입고 무디어지고 있을까. 붙잡을 손잡이가 없어 말을 잡았을 것. 말을 잘 길들일 틈 없이 세상으로 방목했을 것. 그의 삶이 흉터였으므로. 그의 생이 상처였으므로. 부아로 쪼잔해진 마음을 나비질하자, 비에 젖은 말이 갈기를 털며 마음의 외양간에서 웃고 있다.

비가 멎고 나면 꽃그늘도 이드거니 자랄까.

2025. 4. 12.

헛것의 무게

로또복권 1등에 당첨됐다.

17억에 이르는 거금에 당첨된 걸 확인하고 난 뒤, 삶은 부자유하고 불안하다. 십일조를 실명으로 해야 할지, 이름을 가리고 해야 할지. 형제나 주변에 알려야 할지, 말아야 할지. 당첨금을 받으러 갈 때 혼자 갈지, 누굴 데리고 가야 할지. 받은 돈을 은행에 맡기는 게 좋을지, 투자하는 게 나을지. 결핍의 시절에 생기지 않았던 염려가 굴뚝 연기처럼 피어오른다.

15년째 탔던 차를 고급 차로 바꾸자, 주변의 시선이 달라져 낯설다. 빠듯하게 받을 연금에 관해 크게 내색하지 않았지만, 속마음을 터놓고 지내는 사람은 처지를 알고 있던 터. 숨긴 자산이 있으면서 내숭깨나 떨었다는 표정마다 떨떠름하다. 큰맘 먹고 밥이나 커피를 살 때는 영혼의 질감과 색채가 맑았으나, 호주머니를 뒤집어 먼지 털 듯이 돈을 쓰고도 마음에 탁류가 흐른다.

시 쓰기를 게을리하고 사람을 가려서 만난다. 나름대로 돈을 굴릴 줄 아는 사람을 좇으며. 이런 부류에 속한 사람을 만나다 보니, 겉모양을 부리는데 길들기 시작했다. 사람을 볼 때, 속에 품은 옥보다 겉에 입은 옷을 보는 데 익숙하다. 도서관보다 골프 연습장이나 경매로 나온 부동산을 보러 다니는 시간이 늘었다. 어깨에 쓸모 이상으로 힘이 들어가 쓰는 말의 날이 예리하다. 빈 곳을 바라본 눈은 온데간데없이 행방불명되고 차고 넘치는 것에 눈을 빼앗긴다.

돈을 헤프게 쓰니 주변에 사람이 많이 몰린다. 몇몇 사람은 돈을 빌려 달라며 성가시게 하고, 몇몇 사람은 자신과 손잡고 사업을 벌이자고 집적거린다. 게으름은 시 쓰기에 머물지 않았다. "분주함은 추위를 이기지만, 고요함은 더위를 이기니, 맑고 고요함이 세상을 올바르게 한다."라는 노자의 말과 한참 벗어난 변방에서 떠돈다.오랫동안 몸에 익힌 절제가 한순간에 안개같이 사라지고 욕망이 이끄는 대로 들썽거린다.*

중간쯤이나 밑에 두려고 했던 마음이 데데해지며* 위로 자꾸 솟는다. 별이나 달을 바라보는 시간이 마르고 풀꽃과 인사하는 법을 잊은 지 오래다. 사람에 대한 그리움이 지워지고 앞서 문안하는 다감이나 예의가 빈곤해졌다. 물질적 결핍이 가난이 아니라, 사람으로서 지녀야 할 걸 갖추지 못하면 가난이라고 붙잡고 산 신념이 조각났다. 하루아침에 가세가 가멸* 되자, 허공 한 모퉁이 같았던 지난 삶을 마구 뭉뚱그렸다.*

이곳저곳의 은행에 넣어둔 돈은 다달이 이자를 낳아 통장으로 들어온다. 땀 한 방울 흘리지 않고 생긴 돈을 쓰는 재미를 형용할 어휘는 지상에 없다. 식탁은 예전과 달리 늘 기름지고 냉정했던 혀는 직관적인 미각에 뾰땃해졌다.* 미각뿐이랴. 모든 감각이 증폭된 욕망으로 인해 얼굴을 바꾸었다. 버지니아울프가 그랬던가. "시간이 자기도 모르는 사이에 한 사람의 얼굴을 바꿔 놓듯이, 습관은 인생의 얼굴을 점차 바꾼다."라고.

예전엔 저녁이나 밤에 두 시간의 걷기를 통해 몸과 수면을 관리했다. 큰돈이 생긴 뒤엔 누군가에게 쫓기고 있다는 불안감이 따랐다. 소금쟁이가 걸을 만큼 평평했던 마음의 수면이 별난 구석처럼 찌그러지고 출렁인다. 몸을 잘 관리하여 사라진 비 몸살이나 눈 몸살이 일기예보보다 몇 걸음 앞서 날씨를 예언한다. 수면의 지도가 지워지자 밤마다 불면의 미로 속에 갇혀 악몽이 이어졌다. 예전엔 묵묵했던 어둠이 알아듣지 못할 말을 걸면서 온몸을 먹물로 도배했다.

전국에 걸쳐 폭설이 내린다는 일기예보를 풍문으로 듣고 이불을 뒤집어썼다. 잠을 깨운 건, 아기 사과 굵기로 떨어지는 빗소리. 여기가 어딜까? 벽 스위치를 더듬더듬 켰다. 맨 먼저 컴퓨터 화면이 눈에 들어온다. 잠시 쉬었다가 일어나 탈고하리라고 맘먹었던 글 제목의 눈이 동백 빛깔이다. 귀엣말 같은 지난밤의 기억들이 주섬주섬 맞춰진다. 밤 산책을 마치고 작업실에 이르러 느낀 감기 기운에 약을 먹었던 게 헛꿈으로 이어진 게다. 영락없이 『구운몽』의 성진이가 되고 말았다.

낮이 달아오를 겨를 없이 동백 그늘에 앉는다. 2월 말까지 연구실을 비워야 한다. 은퇴라는 중력에 맞서 할 수 있는 건 단지 마음을 다스리는 일밖에 없다. 학교에서 마련한 은퇴식을 손사래 치며 거절했다. 시인은 은퇴가 없다란 말로 맘길에 위안을 끌어들였다. 여태 그랬던 것처럼 시를 읽고 쓰면서 자유하고 평화하리라. 숨을 길게 뱉는다. 다시 들이마셔야 하므로.

물을 찰찰 채우지 않고 흐르는 강이 아름답다. 곳간은 빈 곳이 있어야 채워진다. 그릇을 만드는 일은 공간을 비우는 거다. 이럴 때, 글이 빛처럼 찾아왔고 목마른 기도는 횡설수설문이 되지 않았다.

수염이 밤새 많이 자랐다.

*들썽거리다 : 가라앉지 않고 어수선하게 들뜨다
*데데하다 : 시시하고 보잘것없다
*가멸다 : 재산이 넉넉하고 많다
*뭉뚱그리다 : 되는 대로 뭉쳐서 싸다
*뽀땃하다 : 흡족하다. 만족하다

2025. 1. 6.

해병이의 상처

청도는 전국에서 소싸움 대회를 가장 많이 벌이는 곳이다. 해병이는 싸움소다. 15년 동안 모래판에서 쉬지 않고 싸웠다. 젊었을 때 뿔치기를 앞세워 여러 번 우승했다. 싸움판에서 그를 눕힐 만한 소가 거의 없었다.

해병이의 주인은 일흔일곱 살인 최두관 어르신이다. 주인이나 소나 제법 먹은 나잇줄을 함께 붙잡고 산다. 최 씨는 해병이 몸에 좋다는 것을 있는 대로 구해 끼니마다 아궁이에 불을 넣어 끓여 먹인다. 하룻날도 거르지 않고 400킬로에 이르는 타이어를 끌며 해병이를 운동시킨다. 해병이보다 열 살이나 어린 소들과 벌이는 싸움에서 밀리지 않으려면, 체력을 끊임없이 길러야 한다.

해병이는 모래판에서 열 살 아래인 영웅호걸과 오늘 싸움을 벌인다. 머리를 서로 맞대고 밀치는 힘의 대결에서 물러서지 않으려는 모습이

처절하다. 30분의 싸움에서 등을 보이거나 달아나면 진다. 해병이는 혈기가 봄날인 영웅호걸에게 25분 만에 등을 보이고 만다. 게다가 이마가 크게 찢어져 피를 소낙비처럼 흘린다. 주인과 함께 귀가하는 내내 해병이 눈은 눈물이 마르지 않는다. 소도 자신의 패배에 대해 슬퍼할 줄 안다. 주인은 싸움에서 연거푸 진 해병이에게 잘 싸웠다고 위로하며 상처를 자식처럼 치료한다. 위로는 상대 마음을 잘 살펴 만지는 것이다. 두루 그리고 깊이.

해병이가 이중섭이 그린 〈흰소〉로 왜 자꾸 발음될까. 흰소는 자세히 보면 뼈를 앙상하게 드러낼 만큼 야위었다. 한마디로 늙고 지쳤다. 이중섭은 "소의 커다란 눈을 보고 있으면 행복하다."라고 했다. 해병이를 바라보는 최두관 어르신의 마음도 이런 빛깔일 터. 나이를 많이 먹은 싸움소를 가만두면 죽음이 소에게 빨리 찾아온다는 게 최 씨의 허물 수 없는 신념이다.

살아온 날을 뒤돌아보니, 삶이라는 모래판에서 고독과 싸움을 줄곧 해왔다. 고독의 뿔은 거대하고 날카롭다. 고독은 근육이 고무풍선처럼 붙은 뒷다리를 모랫바닥에 붙이고 바위 같은 머리를 들이밀면서 덤빈다. 어떻게든 밀려나지 않으려고 온몸의 모세혈관까지 세우고 고독과 겨룬다. 소 싸움판은 구경꾼이 몰리지만, 고독과 싸울 때는 곁에 아무도 없다. 처마가 기다란 지붕 밑에 몸을 넣고도, 물받이처럼 온몸이 젖으면 봄날의 양지도 춥다. 이럴 때 시가 문안 인사처럼 안긴다.

이문재 시인은 「오래 만진 슬픔」이란 시에서 고통을 다스리는 길을 놓는다. "갑자기 찾아온/ 이 고통도 오래 매만져야겠다/ 주머니에 넣고 손에 익을 때까지"

예고하지 않고 닥친 고통을 주머니에 넣고 손에 익을 때까지 매만지겠다는 의지가 시퍼렇다. 연필 한 자루도 손에 익지 않으면 글씨를 바라는 대로 쓸 수 없다. 혹독한 고통을 오랫동안 참고 버티다 보면, 견딜 만하면서 어떻게든 살아진다. "우리를 힘들게 한 것이 어느 순간 우리의 힘이 되지 않았는가?" 시인은 시의 끄트머리에 확신에 넘치는 신념의 물음표를 심는다.

최지은 시인은 「이 꿈에도 달의 뒷면 같은 내가 모르는 이야기 있을까」라는 시에서 슬픔을 대하는 길을 넓힌다. "슬픔과 화해하며 넓어지는 꿈속에서, 나는 용기를 내 다시 사랑을 붙잡아 봅니다" 슬픔은 화목해야 할 대상이지 척질 일이 아니라는 것이다. 슬픔을 품은 자만이 품이 넓어지는 꿈을 꿀 수 있다. 아무런 일 없이 자라는 풀은 바람이 불어도 제 몸의 살내음은 한 홉 꺼내지 못한다. 낫날에 상처 입은 풀이 향기를 낫낫하게 날린다. 이것이 슬픔과 화해해야 할 이유라면, 달의 뒷면 같은 이야기를 헛듣지 않는 게 아닐까. 깨달음은 없는 길을 내는 게 아니라, 달의 뒷면에 있는 길을 찾아내는 것이다.

오명주 시인은 「울음」이란 시에서 혼자라는 존재를 인식의 울 안으로 끌어당긴다. "혼자라는 사실에 내가 내 자신에게 놀라서/ 거리로 뛰쳐나온다" 여기서 혼자는 타자가 아니라 자신이다. 혼자인 사실을 깨달으며 놀라 거리로 뛰쳐나온다. 거리는 사람의 다른 이름이지 않을까. 사람은 사람 사이에 있을 때 비로소 사람이다. 어떤 까닭으로든지 사람을 잃으면 절해의 섬이 된다. 곤줄박이가 머물다 떠난 미루나무 우듬지도 빈

자리를 알아차리고 떨면서 운다. 외로움만큼 살아 있다는 것에 손을 흔들며 그리움으로 길을 내는 것이 있을까.

최창균 시인은 「소 3, 우황에 대하여」라는 시에서 소가 아픔을 담금질하여 우황 빚는 것을 노래한다. "우황 주머니 가슴에 없는 사람/ 우엉우엉 우는 소리 귀담지 못한다/ 이 세상을 소리 내어 우엉우엉 울지 못한다" 우황은 소가 병이 들어야 만들어진다. 우황 주머니가 가슴에 없는 사람은 다른 사람이 겪는 고통에 관한 통각이 없다. 이런 사람은 타인의 고통을 귀여겨듣지 않는다. 당연히 고통의 전도율이 떨어져 눈물이 가물 수밖에. 아픔이 심신에 슬 때면 씻김이 절실해진다. 사람이나 짐승이나 눈물 속에는 마음을 씻어주는 힘이 있다. 울고 나면 가벼워지는 눈물을 흘릴 줄 알아야 눈길을 주고 어루만지고 싶다.

살다 보면, 쌍검같이 생긴 뿔과 돌벽의 근육을 지닌 고독이 콧바람을 씩씩거리며 덤벼드는 날이 잦다. 요런 날, 콘트라 포스트의 자세로 한쪽 발에 힘을 집중하고 한쪽 발의 힘을 뺄 수 없다. 고독과 싸움은 곡선을 만드는 미와의 투쟁이 아니라, 자신 안에 있는 또 다른 나와 전면전을 펼치는 것이다. 패자는 싸움에서 승자보다 상처를 더 많이 받는다. 명료한 건 상처를 곪도록 내버려 두지 않고 가르침으로 몸받으면 경전이 된다.

해병이의 이마에 최 씨 어르신이 약을 바른다. 다가올 경기를 준비하려고 해병이가 타이어를 끌고 고갯길을 다시 오른다. 해병이는 요즘 자신보다 어린 소와 싸운 게 아니라, 나이 듦의 고독과 싸우고 있다. 그는 비겁하게 상처 입은 패자가 아니다. 자신을 이긴 승자다.

2025. 2. 5.

소리의 법칙

작업실로 돌아오는 길, 뜨끈뜨끈한 우럭탕이 입덧한 사람같이 당긴다.

'다해'란 이름을 붙인 집 우럭탕은 생우럭을 끓여내므로, 식감이 생생하고 국물이 얼큰해 맛이 시원스럽다. 게다가 강황을 곁들인 돌솥밥을 함께 내어줘 속이 찰지다. 수저를 놓고 도서관에 들러 책을 세 권 품고 나왔다. 어젯밤, 잠을 설친 탓인지 졸음이 간을 집요하게 본다.

한소끔 눈을 붙이고 책을 보려던 계획이 세탁기 빨래같이 엉켰다. 고무줄처럼 늘어진 낮잠. 밥을 먹은 지 얼마 되지 않아 누운 탓인지 속이 바람 넣은 축구공 같다. 이불속에서 엉덩이를 슬쩍 들어 올리고 배에 힘을 줬다. 경주용 차량이 굉음을 내듯이 터지는 소리. 순간, 주차장에 있던 주인아주머니의 자전거가 떠올랐다. 자전거가 있으면 주인아주머니가 집에 있다는 거다.

작업실로 쓰는 방은 4층에 주인집과 맞닿아 있다. 주인집이래야, 아주머니 홀로 지낸다. 종종 아들 내외가 손주들을 데리고 오간다. 아주머니가 계단이나 주차장에서 청소하는 모습 외에는 거의 마주칠 일이 없다. 문제는 벽 하나를 사이에 두고 내 침대와 주인집 화장실이 있다는 것이다. 수도꼭지에 흐르는 물소리를 전두엽으로 끌어들이면, 손을 씻거나 걸레 정도 빠는성싶다. 그간의 소리를 꿰맞추면, 진짜 볼일은 다른 화장실을 쓰는 듯.

이곳은 조용하고 학교와 집이 가까워 작업실로 쓰기에 안성맞춤이다. 때로는 너무 조용한 게 불편할 때가 있다. 이를테면, 맘먹고 방귀를 대포같이 쏘고 싶은데, 이웃 눈치를 보며 소총같이 당겨야 하므로. 손바닥을 배 위에 올리고 동그라미를 여러 개 그린다. 초등학교 때 일기장을 검사한 선생님이 색연필로 그려준 겹 동그라미가 불쑥 스친다. 선생님의 동그라미는 칭찬이었다.

칭찬은 방귀도 춤추게 하는 것일까. 징검돌 놓듯이 방귀가 터진다. 대포 한 방을 터뜨려 갈무리하고 싶은데, 자꾸 억눌린 소리로 맥이 끊기다 이어진다. 서둘러 길에 오르려고 채비했다. 날이 풀리긴 했지만, 노루 꼬리 같은 오후 햇살이 꺾이자 바람이 송곳 같다. 옷을 두툼하게 껴입고 즐겨 걷던 길에 오른다. 길에서도 방귀는 이어진 문장같이 끊기지 않는다.

뜻밖에 방귀타령이란 노래가 떠오른다. 대학에서 조교로 일할 때, 교

직원이 밖으로 나들이했다. 은퇴를 눈앞에 둔 모 처장이 이 노래를 구수하게 불러, 많은 사람이 배꼽이 빠질 뻔했다. 낱낱이 기억하지 못하지만, 대충 이렇다.

"시아버지 방귀는 호령 방귀. 시어머니 방귀는 요망 방귀. 시누이 방귀는 고자질 방귀. 서방님 방귀는 풍월 방귀. 머슴 놈 방귀는 마당 방귀. 아내 방귀는 도적질 방귀" 이 가사에 빗대면, 작업실에서 뀐 방귀는 도적질 방귀 근린쯤 되겠다. 머슴같이 눈치 보지 않고 시원스럽게 맘껏 뀐 방귀를 그린다.

오가는 사람이 뜸한 길로 방향을 틀었다. 물억새가 있는 데 이르러 사방을 둘러봤다. 아랫배에 힘을 주고 잇대어 나올 소리의 높이를 측량했다. 길에서 단단히 맘먹고 뀐 첫 방귀는 기대와 달리 시들하게 나왔다. 불발탄 아니면 볼 속에 넣고 굴린 사탕 소리 정도랄까. 세상일 가운데 뜻대로 되는 게 몇 개쯤 되랴. 방귀도 세상일의 목록 가운데 하나쯤 될 듯싶다.

길을 따라 걷다 보니, 알람이 울린다. 작업실을 나선 지 1시간에 이르렀단 기별. 돌아오는 것은 또 다른 시작이다. 시간은 보행의 거리와 비례한다. 저녁노을이 장미같이 피는 하늘 밑에 누운 길이 어둠과 어둠으로 접속하기 시작한다. 기분 좋게 오는 신호. 아랫배가 부레같이 부풀기를 기다렸다가 뒷문을 열어젖힌다. 포성이 울린 뒤 매캐한 화약 냄새가 진동한다. 초저녁 잠자리를 보던 소양천의 물새가 허공으로 치솟는다.

길은 전신이 귀다. 속앓이하며 혼잣말로 해야 할 말을 길에서 소리 내면서 한다. 때로는 된소리로 발음되며 날이 선 말을 쏟기도 한다. 이웃 눈치 보며 쉬쉬 감췄던 방귀까지도 길에서 적나라하게 끄집어낸다. 이렇게 해도 길은 귀찮다고 내색하지 않고 다 들어준다.

살다 보면, 귀를 써야 할 일이 많다. 입맛에 맞는 것만 먹고살 수 없듯이, 귀에 맞는 말만 듣고 살기 어렵다. 듣고도 듣지 않은 것같이 여겨야 할 말이 있는가 하면, 듣고 사소하게 흘리지 말아야 말이 있다. 하고 싶은 대로, 다하고 살 수 없는 게 말이다. 말뿐이랴. 방귀도 나온 대로 아무 데서나 뀌고 살 수 없다. 말이 됐든 방귀가 됐든 우리 몸과 맘속에 뿌리내리고 있다.

사람 사는 마을로 들어서자 방귀 한 음이 나지막하게 나온다.

2024. 1. 28.

불면의 동의어

밑동 부러진 잠은 신발을 어데 뒀을까.

달빛을 쐬고 돌아오는 길, 은행나무 그늘마다 허공에서 지상으로 보낸 노랑 엽서가 수북하다. 친구의 첫 수필집 원고를 마지막으로 수선한다. 모 문예지에서 보낸 원고 청탁서에 관한 원고를 정리하여 보내고 나자, 콧물이 맹숭맹숭 흐른다.

자정 근린, 파도같이 몰려온 잠을 이불 속으로 말아 넣는다. 잠결에 뜬금없이 번개가 번쩍이며 머릿속에 출렁거리는 어휘들. 멸치 떼가 유영하면서 꽃무늬를 새기기도 하고 태극 문양을 만들기도 한다. 모기의 까글거리는 날갯소리에 멸치 떼의 비늘을 주섬주섬 들고 불을 켠다. 행방을 철저히 밝히려 해도 모기의 흔적이 묘연하다. 잘 들지 않는 칼로 생선 껍질을 벗기듯 헛심만 쓴 격. 환청일까, 아니면 이명.

요즘 귓속말을 많이 듣는다. 누가 귓문을 두드리지도 않고 불쑥 들어와 요 말을 끈질기게 신기려는 걸까. "글의 결말처럼 깔끔하게 매조지하라." 종강이 다가올수록 하루하루가 뜻밖의 기억처럼 비스듬히 새롭다. 한쪽 가슴이 후련해지다가 남은 가슴은 아쉬워지다. 가슴은 마음의 동의어일까. 마음이 봄이다가 겨울의 한가운데이다가. 마음은 길의 유의어일까. 한 길을 가겠노라 마음을 굳히다가 다른 길을 훔쳐보다가. 불청객은 마음의 가장자리.

뒤돌아보면, 강단에 선 스물여덟 해 가운데 열일곱 해는 보따리를 짊어지고 떠돌아다녔다. 이른바 시간강사. 유랑의 꼬리표를 떼고 교수로 보낸 열한 해 가운데 여섯 해는 비정년이었다. '비'를 겨우 없애고 보낸 게 고작 다섯 해. 철없이 부끄러워할 줄도 모르고 즐겁게 가르치고 행복하게 글 곳간을 채웠다. 시가 남루한 세간을 안개꽃이 되어 가려줬고 가문 영혼이 시들지 않게 물길로 다가왔다.

누가, 무엇이, 잠을 훔쳐 갔을까. 불면의 기슭마다 생생해지는 기억들. 주저앉을 자세나 사라지지 않을 표정으로 명료하게 다가오는 풍경 속에서 잠은 이미 강을 멀리 건너 타인이다. 기억 밖에서 피는 꽃은 무슨 빛깔일까. 다른 기억은 별 냄새가 나지 않는데, 특별한 기억이 온몸의 숨구멍을 향기로 눈 뜨게 한다.

사람 살리는 글을 끈질기게 쓰겠다는 작심. 아침 볕이 더디 찾아오고 저녁 해가 지름길로 오는 땅 어두리. 땅 이름엔 어둠이 웅크리고 있지만, 삶에 깃든 어둑함을 흘려보내자고 맘먹은 사람이 강같이 모였다. 열한 해 전에. 이름하여 어두문학회. 흐르고 머무는 게 자연이고 보면, 사람도 흐르고 머문다. 문학에 마음을 둔 사람이 까치발로 왔다가 잰걸음으로 달아나기도 하고, 엉덩이를 몇 번 붙였다가 고래구멍 막힌 아궁이 연기처럼 지워졌다.

어떤 이름은 사람이 싫어 '문학' 가운데 '문'만 열고 나섰고, 어떤 이름은 제풀에 꺾여 사람을 핑계 대며 '학'을 떼고 달아났다. 어떤 사람은 글을 쓰면서 상처를 덮고 어떤 사람은 상처를 입고 글과 의절했다. 양지와 그늘의 기억이 동거하다가 그늘이 죽고 양지의 평수가 널찍해지며 눈의 처마가 짭조롬하게 촉촉하다. 마음의 다른 이름 눈물. 우리, 이 강을 건너 서로에게로 많이 오갔더랬지. 우리, 글쟁이가 되지 말고 잘 사는 삶의 경영자가 되자고 외친 잠언. 우린, 사람 냄새를 얼마나 풍기며 사는가. 우리, 누군가의 추위에 눈먼 홑이불은 아닌가. 우리, 누군가의 허물을 감싸주는 체온은 몇 도쯤인가. 우리, 앞에선 사랑을 흉내 내고 뒤에선 흉을 화살같이 쏘지 않았는가. 우리라는 주어가 나로 발음되면서 선생이란 이름이 뇌꼴스러워진다.

정은 자석같이 당기고 끌리는 자성이 있다. 곱게 든 정이든 밉게 든 정이든 정 속에는 운명이 똬리를 틀고 있다. 글을 함께 쓰면서 우리는 숲이었고 구김 없이 흐르는 강이었다. 글 하나 달랑 찬으로 올린 글 상은 삶의 허기를 솎아내며 오지게 풍요로웠다. 감추지 않고 드러낸 상처는 통증이 아니라, 가슴의 변두리까지 울리는 종소리.

관계는 죽음보다 망각으로 인해 닳고 끊어진다. 숨이 막혀 아득해지는 이별도 비에 씻기고 바람에 몇 번 흔들리다 보면, 시나브로 중심을 잡고 살아내며 살아진다. 멀찍이 달아난 잠과 무청같이 싱싱하게 솟는 기억의 틈에서, 문학회와 문우를 새우젓갈처럼 담아 토굴에 넣는다. 이제 난 박쥐처럼 고독해지고 오래오래 외로워질 것이다. 거꾸로 달린 시를 밥으로 붙잡고 더 빈궁해질 것이다. 문학회에서 여러 문우와 함께한 시절이 꽃봉오리와 같은 봄날이었다. 낡지 않고 늙지 않을 계절. 이날을 그리워하며 잠을 여럿 날 잃을지도 모른다. 우리 가운데 잠을 놓친 누군가의 밤이 있다면, 하늘의 아기별을 함께 바라보고 있지 않을까.

이런 날의 뒤란에서 첫눈 내린 땅바닥에 일편단심 시를 쓰고 처마에 달린 고드름이 몽당연필이 될 때까지 산문을 쓰련다. 삶이 뾰쪽하게 한기 들면 기억의 토굴에 넣은 새우젓갈을 한술 꺼내 밥심을 돋우련다. 오늘 밤같이 잠이 높다란 담장에 걸리면 문학의 손을 마주 잡고 토굴로 들어가련다. 좋았던 글, 좋았던 때, 좋았던 사람을 추억하며.

반짝반짝, 아침이다.

2024. 11. 12.

말씀 한 공기

아침에 일어나 묵상한 말씀 가운데 한 그릇이다. "너희가 각각 중심으로 형제를 용서하지 않으면, 내 천부께서도 너희에게 이같이 하시리라." (마태 18:36)

지구도 온도가 있지만, 우리 마음에도 온도가 있다. 마음의 온도가 내려가면 마음이 울퉁불퉁해지고 행동이 갈팡질팡해진다. 불안의 무게가 늘고 부정의 그림자가 모든 세포를 틀어막는다. 삶은 죽음과 등을 맞대고 함께 구르는 수레바퀴와 같다. 삶의 바다에 절망의 파도가 일고 비바람이 거칠게 몰아칠 때, 잠시 잠깐이나마 죽음을 생각한 적이 있다. 이때마다 기억 속으로 끌어들인 죽음을 기억 밖으로 끌어내고 다시 뻔뻔하게 살아왔다.

살다 보면, 먹고사는 일로 힘든 게 아니라, 사람으로 인해 통증을 느낄 때가 더 많다. 모든 사람이 남향의 맑은 햇볕만 받아들이며 살지 않는 것처럼, 북향의 응달을 의지와 상관없이 껴안고 산다. 우리 삶의 정원엔 사랑과 평화의 화초만 자라지 않는다. 질투와 시기의 잡풀이 시들해지는 날이 없다. 질투는 인류학의 눈으로 보면, 오래전부터 몸집을 불려온 근본적인 감정이라고 한다. 땅에 발을 딛고 사는 생명체 치고, 질투 한 포기 기르지 않는 게 없을 테다.

자신이 지니지 못한 걸 가진 사람을 보면 샘이 난다. 가진 게 눈에 뵈는 것이든 뵈지 않는 것이든. 샘은 불안의 파동을 일으켜, 수치심으로 이어지기도 한다. 묵은땅에서 피는 망초꽃은 볕 한 줌이라도 더 품으려고 발돋움한다. 발돋움은 간절함의 이웃이다. 질투는 자신에게 닥친 운명의 빛깔을 바꾸는 힘이기도 하다. 여러 시인의 시집을 읽으면서, 망초꽃의 발돋움을 예의 바르게 모신다. 질투가 자신이 갖지 못한 걸 가지려는 마음이라면, 시기는 자신이 갖고 있으면서도 더 가지려는 욕망이다. 질투의 씨앗이나 시기의 씨앗이나 사람과의 관계 속에서 발아한다.

누군가와 관계를 맺는다는 건 징검다리를 건너 서로에게로 다가가는 게다. 징검다리는 단번에 건널 수 없다. 징검돌을 하나씩 건너 어느 지점에선가 마주치는 거다. 만남은 기억의 집으로 맞아들여 시공을 함께 하지만, 불확실성과 불편함의 꼬리가 따른다. 자신이 준 믿음이나 사랑만큼 상대도 같은 분량으로 내어줄까. 그의 시선이 늘 지긋하고 감정이 봄볕 같을까. 어느 순간 누전차단기가 내려간 집의 어둠처럼 불편한 존재로 묻히지는 않을까.

관계의 대상은 타인이나 절대자만의 영역에 속하지 않는다. 자신과의 관계를 외밥 먹는 밥상 대하듯이 해야 하지 않을까. 혼자 밥을 먹다 보면, 밥상이 거울 같다. 여럿이 어울려 밥을 먹을 때와 달리, 타인보다 자신에게 집중한다. 숟가락 드는 힘이 있고 젓가락질하는 손가락 있음에 울컥해진다. 맛을 느끼는 혀가 있고 씹는 치아가 있는 것에 가슴이 뛴다. 밥알 한 알에 깃든 볕과 바람과 땀방울을 기억하고 찬 하나하나에 스민 호미질과 그물질 소리를 듣는다. 배도희 시인은 "허기지면 용서할 수 없는 일이 밥상 앞에서 이미 먹은 국처럼 잊힌다"라고 했다. 적어도 외밥의 밥상머리에서 용서하지 못할 일이 없다는 의미이리라.

허기가 밥상에서 용서에 이르렀다는 시인의 고백은 연민을 동냥질하지 않는다. 허기가 마음 챙김의 식사로 읽히는 건 오래된 외밥의 독해력일지 모른다. 허기는 단순히 배고픈 상태를 일컫지 않고 간절함이 최고조에 이른 절정의 결정체다. 세상에 있는 많은 경전 속엔 용서를 정자의 댓돌같이 쌓고 있다. 용서는 어두운 생각이나 마음, 나아가 눅눅한 감정을 바꾸는 대전환의 생명 활동이다. 고사한 배나무가 살아나 잎을 달고 꽃을 피우다 마침내 한 우주로 열린 것, 주린 새를 불러 제 몸 곳곳을 내어주는 것과 같다.

용서의 대상 역시 타인에게만 속하지 않는다. 점심 밥상머리에서 외밥을 먹으며, 나 자신을 용서한다. 사람 냄새를 풍기지 못하고 사람으로 살아온 것에 관해. 이름값이나 자리값하지 못하고 그저 호명된 삶으로 산 데 관해. 내어주지 못하고 움켜쥔 인색함에 관해. 세월을 아끼지 않고 이리저리 축내며 산 불성실에 관해. 누군가의 아픔에 무감각해진

오랜 통점에 관해. 감사하지 못하고 불만한 데 관해. 다른 사람을 용서하고, 다른 사람한테 용서받으려고, 용기 내지 못함에 관해.

자신을 용서하고 자신에게 용서받지 못한 형편에, 형제를 용서하고 형제한테 용서받을 일이 헤아릴 수 없다. 마음에 들지 않는다는 까닭으로. 생각이 다르다는 편견으로. 귀찮고 불편하다는 무관심으로. 속마음을 깊이 들여다보지 않고 겉만 보고 내린 편견으로. 진득이 시간을 내지 않고 한두 번 느낀 성급함으로, 관계를 끊은 사람이 얼마나 많았던가. 목사, 교수, 학생, 벗, 작가에 이르기까지. 이들은 내 삶의 천장에 쥐 오줌처럼 누렇게 얼룩져있다. 용서를 통해 사람이 된다는 말을 언덕으로 삼아 이들에게 용서를 빌고, 이들을 애써 용서하려고 몸부림친다. 말씀을 비우고 잇댄 기도가 숭늉처럼 따시기를.

내일부터 쓴 글의 빛깔은 강물처럼 맑을까.

2025. 1. 4.

마음의 빛깔

올겨울, 추위가 이마를 들이민 뒤, 며칠째 한기의 능선이 최고봉이다. 아중천변에서 일상의 시계 가운데 하나인 걷기를 주로 한다. 아중천이 숨구멍 하나 내지 않고 몸을 굳게 말았다. 애호박 크기의 돌을 누가 그에게 던졌을까.

얼음 위에 있는 돌은 누군가의 언어다. 얼음의 두께보다 물의 깊이에 관해 알고자 하는 호기심일 터. 누군가의 마음을 읽어내려고 우리는 자신이 가진 언어의 보따리를 푼다. 복숭아 꽃잎에 봄볕 같은 맑은 필체로 연서를 쓰기도 하고, 자성이 깃든 눈빛을 상대에게 지그시 보내기도 한다. 땅에 길을 내는 것보다 마음에다 길을 내는 것이 더 어렵다. 마음은 백지도와 같아 어느 곳에 문이 있고 어디에 의자가 있는지 미로다. 평생 물일만 해온 사람이 물속을 다 헤아리지 못한다 해도 흉이 아니다.

사람 마음뿐이랴. 글은 어떤 대상과 이야기를 나눈 대화의 기록이다. 달맞이꽃으로 피어 달을 간절히 바라보면 꽃의 마음뿐만 아니라, 달의 마음을 읽을 수 있다. 마침내 그의 마음에 끌려 꿈을 꾼다. 달맞이꽃은 무릎 한 번 굽히지 않고 달을 바라본다. 바라보면 강물이 되어 누군가에게로 흐른다. 유속은 문제가 되지 않는다. 사랑을 얼마나 품었느냐에 따라, 글이 지름길로 오기도 하고 산길로 걸음 하기도 한다. 모 작가는 산문을 한 편 쓰는데, 다섯 해라는 시간을 묵었다 한다. 이 시간 앞에 무릎을 꿇을 수밖에.

얼음 이전의 숨결은 물이다. 물은 머물지 않고 흐른다. 흘러야 할 물을 가둬두면 몸이 비만해지면서 이끼 옷을 껴입는다. 물 바닥에 이끼가 끼면 물속의 숨을 삼켜 뭇생명이 밭은기침을 쏟아낸다. 도심을 가로지른 아중천이 썩지 않고 살아있는 까닭은 물길이 멎지 않고 계속 흐르기 때문이다. 맑은 물에서만 삶을 꾸린다는 수달이 사람의 낯을 가리지 않고 짝짝으로 산다. 물오리는 해마다 식구를 늘려 그림자를 부풀린다. 외발로 선 왜가리는 긴 부리의 낚싯대를 펼쳐 세월을 낚는다.

물은 자연의 경전에 순종하여 흐르지만, 물을 거슬러 올라야 생명이 건강하다. 물 가운데서도 계곡의 정수리는 물이 차갑고 깨끗하여 물고기가 탯줄을 자르는 산란장이다. 시베리아 연어는 바다의 삶을 접고 계곡이 있는 산중으로 입산할 때 수계식을 치른다. 불가에 입문하려면 속세를 의미하는 머리카락을 자른다. 불가에서 머리카락을 이름 없는 풀처럼 부질없다고 하여 무명초라고 부른다. 연어는 제 몸의 무명초를 물 밖 세상 어딘가에 묻고 사지의 지느러미로 물을 오른다. 상류가 가까울수록 몸은 흠집투성이지만, 시들지 않는 모성은 아욱잎처럼 퍼렇다.

물은 세상의 모든 풍경을 담아내는 화랑이다. 아무리 뛰어난 그림도 벽에만 걸어두면 절경이 되지 않고 그림의 이름만 달고 벽같이 산다. 비록 키 작은 나무일지언정, 시각이나 날씨의 변화, 계절의 흐름에 따라 몸짓과 표정을 바꾸면 명화가 된다. 물의 가슴은 널찍하여 품 밖으로 버린 게 별로 없다. 학독에 있는 물도 하늘을 품고 목이 가문 길고양이를 부르며 풍경으로 거듭난다. 물 주변에 있는 것치고, 물을 만나 풍경의 옷으로 갈아입지 않는 게 없다. 강물은 사람이 사는 마을의 의자로 서서 마른 풍광을 촉촉이 적셔 앉힌다. 어느 날의 삶이 놓친 버스같이 목말라도 다음 버스를 정류장 의자에 앉아 기다리는 희망으로 채색된다.

물은 느림과 부드러움의 축으로 묶여 구르는 수레다. 경제 논리의 늪에 빠져 빠름이 사회의 미덕이 된 지 오래다. 우리는 앉자마자 원하는 게 즉시 나와야, 직성이 풀리는데 길들어졌다. 이른바 즉석식품, 즉석카메라, 즉석커피, 즉석사랑에 이루기까지, 기다림의 시제가 진득한 미래일 때가 언제쯤이었을까. "시장이 반찬이다."라는 말보다 "기다림이 반찬이다."라는 말이, 쓰다가 둔 시가, 전율의 몸이 되어 돌아오는 것 같다. 느리게 볼 때, 보이지 않는 것을 보고 기다리며 들을 때, 들리지 않는 것을 듣는다.

부드러움은 너그러움이자 사랑이다. 누군가와 관계를 맺는 것은 끝말잇기와 같다. 이때 떠올린 어휘는 사전 속에 있지 않고 저마다의 마음에 뿌리내리며 산다. 절벽 같은 끝말로 상대를 떨어뜨리지 않고 부드럽게 내민 손길 같은 끝말로 마음을 이어야 하지 않을까. 끝말은 허접

한 명사에 머물지 않고 넓게 감싸고 또 따스해지는 부사와 동사, 접속사와 형용사의 결합체, 한마디로 사랑으로 피어난다. 자신이 좋아하고 당연히 사랑해야 할 대상만을 사랑하는 것은 사랑이 아니라 이기다. 지금보다 한 뼘이라도 긴 사랑, 한 되라도 채운 사랑, 한 사람이라도 늘린 사랑이 드디어 시다.

꽁꽁 얼어붙은 물 위의 돌을 본다. 물의 마음을 읽고 싶은 이의 마음이 첫인사처럼 정중하다. 뵈지 않는 마음을 읽어내는 독자(讀者)가 되려면, 홀로 자란 독자(獨子)처럼 외로워야 한다. 외로울 때 간절해지고 간절할 때 꿈을 그린다. 손톱처럼 잘라도 다시 자라는 게 꿈이다. 꿈꾸는 것은 얼음 밑을 흐르는 물처럼 안에서 큰다. 마음보는 일이 누워서 잠든 일처럼 힘 헐 일 없으면 쓰랴.

마른 물억새가 얼음 위에 달빛을 필사한다. 달빛을 소리 내어 읽자 물의 깊이가 뜨습다. 마음에도 아랫목이 있다니.

2025. 1. 13.

권태기

창턱에 있는 아이비 화분 사이가 버성기게 멀다. 서로의 눈길은 외곬으로 엇길이다. 행여 옷깃이라도 스칠까 봐 옆걸음질 친다.

이 땅에 가정이란 집을 짓고 사는 부부치고 만날 살갑게 살 리 없다. 잠시도 떨어지기 싫어하는 연인도 입 다툼 한 번 하지 않고 지낼 리 만무하다. 서로 떨어져 있는 거리가 멀수록 애틋함이 더하지만, 곁에 있으면서도 정서의 틈이 벌어지면 덜컹거린다. 정서의 소음은 사람 사이에서만 생길까.

길. 호흡하듯이 날마다 길에 오르지만, 때에 따라서는 외면하고 싶은 날이 있다. 바람 꼬리가 맵지만, 볕은 눈부시게 온순하다. 길이 무슨 까닭으로 괜스레 싫어질까. 길에 오르면 잠든 시상이 눈을 비비며 일어난다. 느슨해진 근육이 팽팽해지며 몸속에 생기가 돈다. 뜻하지 않게 관계가 어긋난 이름을 떠올리며, 혼잣말로 육두문자를 일필휘지하기도 한다.

길. 길에 오르면 나름대로 옳다고 여기며 산 것, 그것밖에 도리가 없다고 신앙한 것, 누군가의 생각을 짧다고 여겨 거들떠보지도 않은 데 균열이 생긴다. 의지로 섬겨온 주관의 틈새로 성찰의 빛이 스며든다. 날마다 길로 이끈 건 의지가 아니라, 그냥 몸이다. 길의 자성과 몸의 자성이 떼려야 뗄 수 없는 아모르파티로 결속한다. 이러할지라도, 오늘은 길의 자성을 잃은 몸이 늘어지게 눕고 싶은 핑곗거리를 찾는다.

손전화기의 숨통을 쥔다. 사람 사는 세상에 사람이 희망일 때도 있지만, 절망인 날도 있다. 사람에게 돈 냄새만 나면 주눅 들기 전에 학을 떼게 한다. 머릿속에 무슨 색깔을 담고 사는지 헷갈리게 하는 사람은 난해하다. 제 자랑의 사설만 늘어놓는 사람은 힘 빠지게 한다. 전사같이 행동하는 사람을 보면 마음의 날이 선다. 만날 내 인생이 왜 이렇냐며 징징대는 사람은 어떻게든 견디며 살아야겠다는 맘을 구겨놓는다.

시도 때도 없이 톡 엽서가 톡톡 터진다. 주식 한 주 갖고 있지 않은 이에게 주식에 관한 정보는 무슨 소용이랴. 십여 년 이상 연락 한 번 하지 않았던 사람이 보낸 청첩장이나 부고는 사람을 쪼잔하게 만든다. 까닭 한 점 밝히지 않고 톡방을 치고 나간 사람의 꿍꿍이속을 헤아리느라 맘이 으슬으슬하다. 분주한 삶의 문장에 쉼표를 찍고 호흡을 고를 때, 돌팔매 같은 톡을 던지는 이는 어쩌랴. 손전화기의 맥을 한동안 묶어놓으면 잠시나마 평화가 찾아온다.

날마다 한 줄이라도 써야겠다는 의지가 강박의 그림자로 다가올 때가 있다. 의지와 강박은 억수비와 작달비의 경계를 구별하듯이 명료하지 않다. 얼마 전, 원고를 청탁하여 보낸 문예지에 실은 시가 손에 들어왔다. 끼니가 되지 않는 글을 삶의 옆구리에 끼고 사는 여러 문인의 몸짓을 본다. 고통의 몸부림이든 환희의 춤사위이든 모두 창작의 시계를 돌리며 살고 있다. 시계는 고장 나도 하루에 시간을 두 번 맞춘다.

강물이 흐르기를 싫어하면 몸이 썩는다. 생각도 마찬가지다. 생각을 누군가에게 흘려보내지 않고 머릿속에 담아두면 사람 마음을 못 얻는다. 문제를 풀지 못하고 세상을 바꿀 수 없다. 나무가 서 있기를 싫어하면 죽는다. 억울하고 고상하지 않은 이름으로 사는 개불알풀꽃도 매한가지다. 바람에 흔들리면서도 중심을 잡으려고 애쓴다. 한 번쯤 떨어지고 싶은 맘을 품은 별이 있으랴. 별이 하늘에 있기 싫어하면 별똥별이 된다. 처마에 매달린 풍경이 바람을 탓하랴. 바람 없는 날 하품이나 하고 있으면 외로울 테고, 나름대로 웃음꽃을 피우면 고독하리라.

살다 보면, 아버지라는 자리가 버거운 날이 있다. 아들이라는 자리도 무겁다. 가장이라는 무게의 추는 저울의 눈금 밖에 있다. 선생의 자리도. 아버지의 자리가 싫다고 아버지가 아닐 수 있으랴. 아들의 자리가 힘겹다고 아들을 포기할 길이 있으랴. 가장의 자리가 무겁다고 가장의 의자를 종잇장으로 만들 수 없잖은가. 선생의 자리가 싫증 난다고 가르치고 배우는 일을 게을리하랴. 무거우면서도 가볍고 가벼우면서도 무거운 자리는 시인의 의자일 뿐.

우리는 컴퓨터 스위치를 켜자마자 원하는 정보를 추수하기 바란다.

엘리베이터는 자신을 중심으로 뜸 들이지 않고 오르내리기를 원한다. 식당에 가서 주문한 음식이 곧장 나와야 마음의 포만감이 먼저 든다. 밤하늘에 뜬 달의 표정을 눈여겨볼 시간은커녕, 낮달에 눈길 한 줌 줄 겨를 없이 산다.

요런 시절에, 권태기(倦怠期)를 권태기(勸怠期)로 바꿔 읽는다. 잠시 잠깐 부리는 나태는 쉼이다. 손전화의 숨통을 튼다. 언제 잠에 깊숙이 빠졌을까. 두어 시간 남짓 꿀잠을 먹었다. 오래된 거미집에 사는 시인이 파도 소리를 보냈다. 갯내음이 물컹하다.

길이 당기는 자력에 끌려 다시 길. 전깃줄에 앉아 있는 까치 한 쌍이 사이를 곱게 끌어안는다.

2023. 02. 25.

가위의 잠언

특별하게 목적하지 않고 떠나는 바람 쐬기에 농담 같지 않은 볼거리로 눈이 환하다. 대전에 사는 벗이 운장산 밑으로 귀촌한 친구랑 진안에서 점심이나 먹자고 전갈했다. 마이산 복사뼈쯤에 있는 식당에서 점심을 둘러서 먹고 근린에 있는 가위 박물관으로 갔다.

박물관은 오래된 시간의 무늬를 입고 산다. 시간은 휘발되었지만, 당시 살았던 사람의 손때가 묻은 유물이 파지 없는 역사로 존재한다. 가위 박물관이라는 생경한 이름 앞에서 호기심이 붐빈다. 가위라는 몸이 박물관이란 옷을 입고 산중이나 다를 바 없는 데 있다니. 까닭에 대한 물음이 새순같이 길이를 더 한다. 마이산 어깨에 쌓인 잔설의 무게를 끌어내리는 산골 바람이 박물관 문을 열고 들어서자, 엿장수 가위소리로 울린다.

가위 박물관은 뜻밖에 용담호와 연줄이 있다. 색다른 이름을 붙인 박물관이 꽃잎이라면 용담호는 꽃받침쯤 된다고 할까. 용담호를 만들면서 용담면 수천리 고분군에서 고려 때 쓴 가위를 몇 점 찾은 것이 가위 박물관의 출생 내력이 되었다. 박물관에는 우리나라 가위뿐만 아니라, 다른 나라 가위까지 1,500여 개를 전시하고 있다. 가위는 여러 용도로 쓰나, 무엇인가를 자를 때 주로 찾는다. 양털을 깎는 가위와 담배꽁초를 자르는 가위, 촛불 심지를 자르는 가위가 특별했다. 이것보다 더 특별한 가위는 마음의 가위가 아닐까.

살아오면서 관계를 자른 사람이 몇 있다. 1은 목사다. 학교에 오려면 4시간 이상 걸리는 데 산다. 방학 때마다 강의하는 글쓰기 특강에 세 번이나 참여했다. 몇 교수와 더불어 밥을 몇 차례 사기도 했다. 문제는 학교가 학내 문제로 어수선했을 때, 밥을 함께 먹은 교수에 대해 험담했다. 은사라고 한 교수에 대해 듣지 않았으면 좋았을 된소리까지 섞었다. 나이를 따지면서 감정을 거침없이 드러낼 때, 목사가 맞나 싶을 만큼 마음이 두엄자리 같이 썩었다. 그날 이후, 기억의 나무 한 가지를 전지했다.

2는 명색이 제자다. 사람이 사람을 만날 때는 어떤 지위를 떠나 사람 냄새가 서로에게 스며야 한다. 무슨 사업을 한다며 종종 찾아왔다. 몇 번은 우연이라고 여겼는데, 시간이 지나면서 소비자로 취급하고 있다는 것을 알았다. 안부 한 번 묻지 않다가 실적을 쌓아야 한다며 불쑥 찾았다. 마음이 가위 같지 못한지라, 불편한 심기를 드러내지 못하고 부탁할 때마다 들어줬다. 뒷소문은 비린내같이 들렸다. 내가 2에게 인색하게 굴었다는 말을 다른 제자가 귀안엣소리로 해 줬다. 이때도 기억의 나무 한 가지를 잘라냈다.

3은 같은 교회에 다녔다. 대학에서 시간 강의와 과외를 하면서 밥을 물 마시듯이 먹던 시절이다. 자동차가 있을 리 없고 열일곱 평 아파트에 살면서 서울의 모 대학교 대학원 입학을 준비했다. 폭풍처럼 불어닥친 집안일로 대학원에 입학하려는 꿈을 서랍 속 깊이 접어 넣었다. 아내가 3의 딱한 사정을 듣고 종잣돈 같은 통장을 깨서 돈을 빌려준 사실을 뒤늦게 알았다. 3의 믿음이 신실했던 터라, 대수롭지 않게 여겼다. 문제는 교인 가운데 3과 돈으로 얽히지 않은 사람이 거의 없었다. 어느 날, 3이 돈을 은밀하게 부탁했다. 아내한테 빌린 돈을 갚지 않으면서. 기억의 나무 한 가지를 다시 자르지 않을 수 없었다.

기억이 나이를 먹으면서 가위질한 관계의 끈을 일일이 되살리지 못한 것이 더 있을 터. 누군가가 나를 단칼에 잘라냈을 수도 있다. 이순의 중턱을 넘으면서 장작불 같던 마음이 밑불로 은근히 은은해지려고 한다. 장작이 서로 맞대지 않으면 불살이 되지 않고 검정 연기만 불어 그을림이 된다. 요즘 새벽마다 경전을 읽으며 십자가의 뜻을 우물처럼 길어 올린다. 기억 속에 식구처럼 사는 이름을 부르며 두 손의 손금을 정성껏 맞댄다. 1과 2, 그리고 3을 위해서도.

스무 해 전, 분재에 헛방같이 빠졌다. 헛방에 막상 빠지니 새로운 세계를 즐겁게 알아가는 맛이 났다. 분재는 나무의 모양인 수형을 어떻게 만드냐에 관해 시간과 쉼 없이 싸우는 일이다. 수형의 미에 보탬이 되지 않는 가지는 늙든 젊든 어리든 철부지든 잘라낸다. 오히려 몸에 있는 흠집을 살려 고태의 미를 살린다. 나무는 자신이 소유한 것을 죄다 덜어내고 나서야, 나무 木 字의 명성을 얻는다. 누구나 삶이 모나지 않고 둥글기를 바란다. 나무의 삶은 원만하다. 나무가 살아온 삶의 이력인 나이테가 둥글다는 데서 알 수 있다. 나이테는 고운 실로 촘촘히 짠 것처럼 치밀하다.

늘푸른떨기나무인 회양목은 소나무보다 나이테의 치밀도가 높다. 회양목은 다른 나무에 비해 자라는 속도가 더디다. 나이테가 치밀한 것과 성장 속도가 더딘 데는 인연이 깊다. 시간의 옷자락을 붙잡고 살다 보면, 지나간 시간이 스승일 때가 많다. 시간을 과속하면 삶의 풍경과 삶의 치밀함을 시간의 바퀴가 짓밟는다. 회양목은 나이테가 치밀하여 도장에 이름 자를 새길 때 즐겨 써, '도장나무'라고도 한다. 사람처럼 나무의 본성대로 대접받는다. 조선 시대 여러 선비는 회양목처럼 치밀하게 살려고 집에 회양목을 많이 심었다. 도산서당 앞에도 회양목이 늘 푸르게 자란다.

우리 집 정원 곳곳에 회양목이 생울타리와 여러 형상으로 살림살이 한다. 회양목을 통해 격물치지(格物致知)의 경지 가장자리나마 어느 세월에 이를까.

박물관을 나선다. 눈앞에 나무를 홀가분하게 품은 마이산이 경전처럼 누워 있다.

2025. 1. 16.

2부

개심사

오랜만에 몸을 열차에 홀로 얹습니다. 1시간 남짓 걸려 이를 목적지는 고향, 동천의 물빛을 닮은 벚꽃이 다붓다붓 모여 봄날 한쪽을 베어 물고 있겠지요. 1년 남짓 이마를 맞대고 글의 속살을 어루만진 몇 문우를 만나러 떠난 길입니다. 설렘의 파동이 일지 않은 사람한테는 눈길을 주지 말라고 했던가요. 어중간한 점심은 당기지 않은 라면으로 미리 끌어다 때웠습니다.

가볍게 읽으려고 꺼낸 책의 무게가 유쾌하게도 반란입니다. 정신 의학 전문의인 와다 히데키가 쓴 『나이, 유쾌한 반란』의 문을 엽니다. '아침마다 두근두근 설레는 당신의 노년을 위해'라는 부제에 설렘이 오종종하게 돋습니다. 어망의 미끼를 보고 들어오는 물고기처럼 활자가 눈에 저절로 잡힙니다. 노화의 원인은 이른바 '나이 주술'에 빠진 탓이랍니다. “나이 먹으면 어쩔 수 없지.”, “내 나이가 지금 몇인데.”, “이 나이에 어떻게 해.”라는 주술의 감옥에 자신을 가둔다는 게지요. 마음의 노화가 몸의 노화를 꼬드긴답니다.

요즘 마음공부에 빠져 있습니다. 뒤돌아보니, 무슨 일이든지 물불 가리지 않고 뛰어들었습니다. 어떤 일이든지 중심축이 되어 주도하려고 나섰습니다. 이왕 할 일, 생쥐 한 마리 뚫고 들어올 구멍조차 없는 집을 짓고자 했습니다. 강의시간에 잠자는 학생을 밖으로 쫓아냈습니다. 강의를 듣는 모든 학생이 잘 소통하고 잘 이해하길 바랐습니다. 문제가 생긴 사람 사이에 끼어 멀어진 거리를 좁히려고 애면글면 용을 썼습니다. 이기의 뿌리에서 울울창창하게 뻗은 헛되고 헛된 헛심이었지요. 비우고 덜어야 하는 게 마음의 항아리라는 것을 잠언처럼 새깁니다.

전화하는 데 인색한 아들이 모처럼 안부를 묻습니다. “아빠, 은퇴하고 심심하지 않으세요?” 일 초도 망설이지 않고 “내가 은퇴했던가? 글쎄.”라고 한 답은 우문현답일까요. 현문우답일까요. 학교에 몸담고 있을 때나 몸을 빼낸 지금이나 시간의 미끄럼틀 타는 것은 여전합니다. 통장에 월세로 사는 숫자의 키가 작아지고 몸짓이 확 줄었을 뿐이지요. 가진 게 넉넉하지 않은 데도 자유스러우면, 한 가장으로서 직무유기라고 해도 어쩔 수 없습니다.

널찍한 텃밭 모퉁이에 지인 교수님을 통해 얻은 금오도 방풍나물 씨앗을 심었습니다. 취나물 씨앗과 참나물 씨앗도 샀습니다. 당귀 모종도 열 뿌리 샀고요. 가지와 토마토, 오이와 고추 묘는 마을 사람에게 부탁해놨습니다. 가을께는 진안 운장산 밑으로 귀촌한 친구한테 명이나물

묘를 가져다 심으려고 합니다. 참, 양배추 묘도 샀네요. 텃밭에는 지금 마늘이 건장하게 크고 있습니다. 꽃상추, 적상추, 청상추도 살집을 시나브로 늘리고요.

이뿐인가요. 작년에 사다가 심은 매실나무 세 그루는 느닷없이 닥친 추위에도 꽃을 틔웠습니다. 대추나무는 송홧가루가 분분할 즈음, 겨우내 품은 마음을 내놓을 겁니다. 유강희 시인이 「12월」이란 시에서 그랬지요. “가난한 새들은 나무 높이 솟았다가 그대로 꽝꽝 얼어붙어 퍼런 별이 된다”라고. 가난하지 않은 또 다른 시인은 새가 될 수 없어 별자리는커녕 땅강아지나 되려고 합니다. 살다 보면 가난이 마음의 급소일 때가 있습니다. 마음은 갈아엎지 않은 땅같이 굳어야 할 때도 있지만, 쟁기질한 땅처럼 보드라워야 할 때도 있습니다. 땅이 너무 굳으면 상추도 뿌리를 두지 못합니다. 너무 부드러워도 싹이 나지 않고요.

봄이 얼굴을 드러내자 아버지와 어머니의 시간이 빨라집니다. 텃밭을 갈아엎는 아버지의 쇠스랑 날에 작년보다 녹꽃이 많이 피었습니다. 풀 한 포기라도 뽑으려는 어머니의 호미 날은 예전보다 더 늙었습니다. 두 분의 허리와 등은 하늘보다 땅에 더 가까워졌고요. 아버지와 어머니는 몸시입니다. “시집(屋)에 사는 언어/ 詩로만 알았는데/ ㅅ 字로 꺾이어서/ 제비꽃 이마쯤인//울 엄니 간당간당한/ 허리춤도 詩인 걸// 오뉴월 가문 날에/ 뼈 풀린 풀잎같이// ㄱ 字로 돌아 굽어 휘어진 아버지 등/ 세월로 일필휘지한/ 표절 불가 詩인걸.” (자작 시조 「몸詩」 전문)

순천의 문우와 글밭에 마음을 심고 돌아오는 길, 열차가 어둠에 밑줄을 빠르게 긋습니다. 한 어르신이 자리를 찾지 못하고 위태하게 흔들립니다. 어떤 이는 손가락으로 어떤 이는 턱으로 자리를 안내합니다. 그분의 등에서 아버지가 발음되고 허리에서 어머니가 읽힙니다. 손을 잡고 여러 칸을 건너 자리를 잡아드리자, 만 원을 꺼내주십니다. "고마워요. 뭐라도 사 먹어요." 세상 모든 어머니는 새끼가 끼니를 잃고 사는 게 아픈 급소이겠지요. 돈 내미는 손을 꼭 붙잡으며 건강 잘 챙기시라고 했습니다. 노령연금을 타다 드리면 따신 국물이라도 사 먹으라며 돈을 한사코 주시는 어머니께 하듯이.

이토록 촉촉한 도착이 있을까요. 연어처럼 돌아온 땅에 빗물이 거품을 품고 스며듭니다. 빗물에 헹군 마음이 한결 가벼워져 새처럼 날 것 같아요. 이 땅 어딘가에 개심사라는 절집이 있을까요. 남은 생의 모서리를 깎고 솎아내며 마음의 사원을 한 채 지으렵니다. 이 집 뒷마당의 양지를 친절하게 갈아엎어 글을 가꾸는 글품쟁이로 살겠습니다. 삶의 목록에서 우왕좌왕의 왕을 몰아내고 싱글벙글의 글만 붙잡겠습니다. 마침표를 놓지 않으며.

2025. 4. 17.

틈

쌍계사 9층 석탑. 물이끼를 덧입고 서 있는 탑은 신앙하는 종교를 떠나 숙연함을 자아낸다. 석공은 층층이 돌을 올리고 메우면서 눈에 띄지 않게 돌 사이에 틈을 두었다. 팔영루 처마까지 다다른 높이에도 탑이 흔들리지 않고 온전히 존재하는 힘은틈 때문 아닐까.

사람이 너무 완벽하면 다가갈 틈이 없다. 허점을 조금도 용납하지 않는 사람은 얼음덩이와 같다. 이런 사람 곁에는 사람이 얼씬하지 않는다. 세상살이하다 보면, 뜻하지 않게 잘못을 저지를 수 있다. 일을 야금바르게 하지 못한 데 대해 지나치게 잡도리하거나 달구치면 진저리난다. 틈은 상대가 저지른 실수를 너그럽게 끌어안는 관용의 통로이다.

소통이 안 된 사람 역시 틈이 없다. 자신이 생각하는 것만 옳다고 여겨 다른 사람 말을 당최 들으려 하지 않는 사람이 있다. 이런 사람은 벽이다. 자신을 벽에 가두고 벽 밖에 있는 세상과 단절하며 산다. 겉보기에는 주관이 뚜렷한 듯하지만, 자아존중감이 낮고 열등감이 강하다. 두 눈으로 자신의 울 밖을 바라봐야 우주가 품고 있는 사연을 읽을 줄 안다. 불통인 사람은 광야에 그림자 없이 서 있는 말뚝과 같다.

틈은 상대를 배려하는 여유이다. 우리는 맥없이 분주하게 산다. 시곗바늘을 돌리는 추같이 잠시도 멎으면 안 될 운명을 타고난 것처럼. 우리 삶의 문장은 쉼표가 없는 이어진문장이 연속하여 숨 가쁘다. 지구의 한 축에 발 딛고 사는 사람치고 앓지 않는 사람이 없다. 자신이 앓는 아픔을 바라봐 줄 사람이 없으면 아픔은 고질병이 된다. 의사가 치료해야 할 병이 있고 아픔이 다스려야 할 병이 있다. 아픔은 아파본 사람이 안다. 크고 깊게 앓은 사람이 다른 사람의 흉터를 재빨리 눈치챈다.

사람이 목마르게 그리운 이에게 끼니 한 번 거르고 눈 맞출 틈을 내어주는 것. 세탁기에 넣은 빨래를 하루쯤 넘겨 돌리며 커피를 함께 마셔주는 것. 말 보따리를 풀고 싶은 사람의 말을 고개를 끄덕이며 들어줄 틈을 주는 것. 죄다 생명을 시들지 않게 일으켜 세우는 지주대이다. 아픔을 싸매고 어루만지는 위안이다. 위안은 배려의 토지에 피는 꽃이다. 밥벗이 아닌데도 뜬금없이 밥 한번 먹자고 한 사람이 있다. 즐기지 않는 커피를 불쑥 마시자고 한 사람도. 틈을 내어달라는 손길이다.

틈은 생명이다. 돌 틈에 뿌리를 박고 꽃잎을 아그데아그데 매단 채송화는 특별하다 못해 특출하다. 거대한 바위 벼랑 끝에 바람의 형상으로 서 있는 소나무는 실금 같은 틈으로 물을 집어 올린다. 콘크리트 바닥 틈으로 민들레가 꽃을 피운다. 보도블록 틈틈이 풀잎이 풀풀 눈을 퍼렇게 뜨고 있다. 이들은 안내판 하나 없는 백지도 같은 환경을 체념할 핑계로 삼지 않는다. 희망을 버리지 않고 삶을 애창한다. 살아야 할 까닭을 기름진 땅이나 풍요한 물로 고집하지 않는다. 틈을 벽으로 보지 않고 문으로 절박하게 여길 뿐.

개미 한 마리 들어갈 곳 없는 황토벽도 틈틈이 틈을 만든다. 제 몸 곳곳에 실금을 그으며 숨통을 튼다. 무심한 듯한 콘크리트 벽도 마찬가지이다. 메주를 쑤어 온돌방에 두면 온몸에 틈을 만들어 누룩곰팡이 꽃을 피운다. 누룩곰팡이 꽃을 피우지 못한 메주는 장이 될 수 없다. 장맛은 메주가 결정한다. 장맛뿐이랴. 된장 맛까지 메주의 손금에 달려 있다. 세상에서 어머니의 손가락 틈으로 쑨 메주로 만든 장과 된장만큼 맛있는 게 있으랴.

틈은 관계를 유지하는 적절한 사이이다. 바깥에 있는 나무 마루는 무더운 여름이면 사이를 벌린다. 겨울에는 몸을 바짝 붙이고 바람 한 점 들이지 않는다. 철로도 마찬가지이다. 레일과 레일을 잇는 사이에 틈이 있다. 이 틈이 서로 인연을 맺고 가까이 붙었다 좀 떨어졌다 하기를 반복한다. 육중한 열차의 쇠 신발이 벗겨지지 않도록 신발 끈 노릇을 한다.

우리라는 말은 일체의 옷을 입고 있지만, 모두 똑같은 크기나 무늬로 된 옷이 아니다. 귤이 너무 맞닿으면 썩는다. 귤뿐이랴. 상처는 가까이 있거나 가까운 사람에게 주로 주고받는다. 틈. 홀로 있는 시간을 외로워 않는 시절이다. 혼자서도 삶을 즐기며 존재의 의미와 힘을 키우는 고독한 계절이다. 틈을 내거나 틈날 때마다 혼자인 자신을 읽고 다독여야 한다. 세상에서 가지고 있던 모든 걸 잃었을지라도, '지금'이라는 시간이 틈이다. 딛고 일어서야 할 기회다. 햇볕은 작은 틈을 마다하지 않고 볕뉘라는 이름을 달고 누구에게나 찾아온다.

산문을 홀로 나서는 길. 오전과 오후 틈으로 가는 세월의 등이 멀어지고 오는 시간의 얼굴이 희맑다.

2023. 03. 01.

순례자

비발디의 '사계' 가운데 겨울은 장엄하게 끝난다. 이 계절의 끝에 들른 쌍계사. 적막이 곳곳에 탑을 층층이 쌓고 있다. 산사를 몇 걸음 벗어나 만난 계곡, 동안거를 마친 물이 산문 밖으로 나선다.

물은 수도자이다. 외도하지 않고 갈 길만 간다. 아랫마을 어느 집에 사람 소리가 여러 가닥으로 들린다. 반가운 손이 몰려온 성싶다. 주고받는 말 빛이 차지고 따숩다. 주인인 듯싶은 사람이 불에 찻물을 올린다. 동안거를 마친 물 몇 방울도 이곳에 합세하여 끓는다. 물의 체온이 어느 정도 가라앉자 주인이 찻잎을 넣는다. 푸노랗게 우러나는 녹차.

대여섯 손이 눈빛을 맞추며 차를 마신다. 커피를 마실 때는 후루룩이란 후렴을 한가닥 풀어도 별로 민망하지 않다. 다리를 꼬고 삐딱이 앉아서 마셔도 눈밖에 벗어나지 않는다. 커피를 마시다 좀 노닥거리며 손전화 문자를 들춰도 된다. 차는 다르다. 적어도 몸을 바르게 하고 마셔야 한다. 책을 읽듯이 오감으로 대해야 차 맛을 제대로 읽어낸다.

화개 녹차를 마셔 온 지 스무 해쯤 될까. 한 집 건너 한 집이 카페인 요즘, 녹차는 커피에 밀려 불자나 마시는 차가 되고 말았다. 녹차를 오래 마셔온 내력에 기대면, 머리를 맑게 하고 쓸데없이 튀는 흥분을 가라앉힌다. 글감이 안갯속 같을 때 녹차가 글 길을 놓으며 쓸거리를 데려온다. 녹차를 즐겨 마시면 해우소 가는 일이 번거롭지만. 아니나 다를까, 어느 손이 해우소에 들른다. 찻물로 손의 몸속을 순례했던 물이, 해우소 밖으로 나와 길을 걷는다.

화개장터. 재첩국 한 사발을 시켜 점심으로 입치레를 한다. 말갛게 몸을 푼 재첩국에도 산문을 나온 수도자가 여럿 계신다. 아낌없이 주는 게 나무뿐이랴. 곰곰이 들여다보면, 물도 우리를 위해 소신공양을 얼마나 많이 하고 있는가.

물같이 걸으려고 맘먹고 나선 길. 화개장터에서 하동 쪽으로 이어진 섬진강 백 리 길로 발을 들인다. 과분하게 수도자와 동행하면서. 화개는 차 반, 물 반인 차와 물의 마을이다. 섬진강 옆구리마다 차밭이 이어진문장으로 오래 겹친다. 여러 물이 발길을 섬진강으로 들이지 않고 차밭으로 돌린다. 겨우내 물길을 닫았던 차나무 가지의 수로를 열고 겨울잠 든 찻잎을 깨운다.

눈을 부스스 비비며 선잠에서 깨어나는 찻잎. 벚꽃 뜨는 시절에 맞춰 연둣빛 웃음을 매달리라. 차밭 예제에 청매화가 서둘러 봄을 맞고 있다. 몇 촉씩 꽃망울을 트고서. 물은 공정한 방문자이다. 키 낮은 나무나 큰 나무를 차별하지 않고 혈관의 피로 흐른다. 제 살의 반을 세월에 깎이고 바람에 벗겨진 청매화 한 그루가 고단하게 서 있다. 몸이 성성한 나무보다 꽃을 많이 피운 힘은 어디에서 생겼을까. 물이리라. 물길을 반 이상 잃고도 물의 방문자를 후덕하게 받아들이는 포용력. 당신의 몸은 성성하지 못해도 새끼를 대충 기르지 않겠노라는 모성애를 물이 결속하지 않았을까.

섬진강변의 차와 매화는 대숲이 겨울 강바람을 막아준다. 대나무는 평생을 수도자로 산다. 속을 완전히 비우고 강바람이 부는 대로 춤을 춘다. 이 춤의 배경음악은 물의 노래이다. 대숲에서 부는 바람은 물 냄새를 품고 있어 가슴을 맑게 씻어준다. 섬진강변은 아직 겨울인데도, 온통 초록의 향연이다. 녹차, 청매화, 대숲, 물빛이 한 측근으로 어울리어 풍경을 이룬다. 대숲이 마침표를 찍자 눈앞에 온전히 펼쳐지는 섬진강, 바위에 백로 한 마리가 물을 읽고 있다.

천 길 물속은 물만이 안다. 삶을 부정한 사람은 강물로 흐르지 못한다. 만날 힘들어 죽겠다는 말을 입에 달고 사는 사람은 강에 이를 힘이 없다. 꿈은 입버릇대로 이루어진다고 하지 않는가. 누군가를 짓밟고 위로 오른 사람은 언젠가 추락하고 만다. 심신을 청아하게 다스린 물이 사람 사는 마을의 밥물이 된다. 반갑게 찾아온 귀한 사람에게 내놓는 찻물이 된다. 목마른 길손을 위로한다.

무엇인가를 애타게 꿈꾸면 갈증이 나기 마련. 갈증은 물의 부재로 인해 생기는 통증이다. 강 건너편에 있는 배 한 척. 강이 전라도와 경상도를 나누기도 하지만, 두 땅의 문장을 잇는 접속어가 되기도 한다. 배는 순접 접속어다. 언제까지 우리라 하지 않고 전라도, 경상도 타령하며 살 텐가. 동안거를 마친 물이 힘을 모아 흐르는 섬진강은 단순한 물줄기가 아니라 생명이다. 다른 강에서는 사라진 참게나 은어가 이 강에서는 아직도 터를 잡고 산다. 깨끗한 물에서만 사는 재첩도 눈을 뜨고 있다. 땅은 기름지다.

짤막한 해가 건넛산 봉우리에 걸치자, 햇빛에 비친 물이 일제히 반짝인다. 한순간이지만 윤슬로 빛나는 물이 있고, 묵묵히 흐르는 물도 있다. 윤슬로 빛나는 물은 자만하지 않고 그냥 흐르는 물은 질투하지 않으며. 이들은 삼보일배의 자세로 순례의 강을 걷는다. 걷고 흐르며, 목마른 까마귀 떼의 목을 축이거나 어부의 배를 떠받칠 것이다.

마른 목을 적신다. 몸 구석구석에서 물의 발소리가 들린다.

2023. 02. 17.

삶과 죽음의 촌수

얼마 전 펴낸 시집 『낮잠 들기 좋은 날』에 들어있는 「호상」이란 시다. “새 노래 멎은 산중/ 지렁이 한 마리 상중이다/ 나무는 묵념하는 자세로 몸 낮추고/ 꾀꼬리는 부고 띄우느라 섧다/ 검정 정장 차림 한 개미의 긴 조문 행렬/ 초상집 문전성시 이룬 건/ 고인의 이름으로 잘 살아온 게다/ 살아서 부끄럽지 않은 이름은/ 죽어서도 떳떳이 숨 쉬는 게다/ 살 만큼 산 게 아니라/ 살아온 이름으로 빛나는 게다”

이 땅에 있는 모든 생명은 태어나고 죽는 때가 있다. 출생이 삶의 시작이라면, 죽음은 삶의 갈무리다. 자연의 섭리나 생명의 이치가 이러할진대, 죽음은 우리를 가장 두렵게 만든다. 죽음에 대한 공포에서 벗어나려고 운동하고 좋은 음식을 먹는다. 건강보조식품을 끼고 살고 용하다는 의사를 찾는다. 마침내 절대자를 찾아 방황하기도 한다.

과거와 달리 고령화 시대에 접어든 지 오래다. 장수라는 어휘가 일반화되어 사회 전반에 끼어들지 않은 곳이 없다. 산부인과나 소아과 간판을 붙인 병원은 낮별을 보는 것만큼 찾기 어렵다. 웬만한 병원은 노인병원이나 요양원이란 이름을 걸고 문턱이 닳을 정도다. 우리 현실은 장수한다는 것과 건강하게 삶을 누린다는 게 엇박자로 놀고 있다.

삶만큼 중요한 게 죽음이다. 우리는 잘사는 법만 배웠지, 잘 죽는 길에 관해서는 이정표를 본 적이 없다. 학교는 물론이고 노인복지관 같은 기관에서도 당사자인 노인을 대상으로 죽음에 대해 꺼내는 걸 꺼린다. 특히 가정에서 죽음을 공론화하면 부모가 상처를 깊게 받을 수 있다. 이래저래 죽음에 관해 이야기하는 건 시한폭탄을 건드리는 것과 같다.

죽음에 관한 오해와 편견에서 이제 탈주해야 하지 않을까. 평생 죽지 않고 산다는 생각만 하며 살다가, 자신이나 가족에게 죽음이 닥치면 슬픔이 더 커진다. 의술이 아무리 발전했다고 하지만, 생명의 질서를 초월하여 영생을 누릴 사람은 아무도 없다. 의술에 의지하여 치료를 적극적으로 하되, 어느 순간이 되면 연명치료를 할 수밖에 없는 상황에 이른다. 이때 잘 죽는 길을 택해야 한다.

언젠가 맞이할 죽음은 받아들이기 어려운 문제다. 아니, 분통할 일이다. 삶은 커피같이 리필되지 않는다. 가을날 애절하게 물든 나뭇잎이 지듯이, 우리 생명은 신의 몫이다. 신을 이길 인간은 없다. 죽음도 마찬가지다. 권위적이고 고집이 센 사람일수록 죽음에 관해 저항하는 힘이 거칠다. 삶에서 찾아오는 고통과 기쁨을 순전히 받아들일 마음의 근력을 길러야 한다. 마음의 탄력성을 키우면 마음이 무너질 때, 사랑의 중력이 불어난다.

성 베네딕트가 그랬을 게다. "매일 죽음을 눈앞에 두라."라고. 죽음을 건강하게 의식함으로써 생의 황홀함과 생의 영광을 맘껏 누리라는 말 아니겠는가. 삶을 연습하며 살 듯이 죽음을 맞을 연습도 해야 한다. 머튼은 "영적인 삶을 살기 전에 삶을 먼저 살아야 한다."라고 했다. 삶을 연애하듯이 사는 사람은 죽음을 연인 만나듯 기꺼이 받아들인다. 잘 늙고 잘 죽는 연습을 풍성하게 하려면, 학습을 평생 단절하면 안 된다. 나이를 먹을수록 젊었을 때 배움에 관해 준비하지 않은 걸 깨닫는다. 거창한 지식만이 배움의 대상이 아니다. 시간을 알차게 보내는 방법. 몸이 급속하게 녹슬지 않게 하기. 자녀나 젊은 세대와 소통하는 법 깨우치기. 말벗 만들기에 이르기까지 할 게 너무 많다.

나아가 종교 생활을 건전하게 하면 세상이나 자신의 결점을 끌어안으며 우주와 자신을 사랑할 수 있다. 누구나 내면의 자원이 결핍되면 각자의 시간 앞에서 심장이 멎은 위험을 느낀다. 삶의 빛보다 어둠을 끌어안고 후회와 두려움의 늪에 빠진다. 부서져 산산 조각나지 않고 부서진 게 오히려 마음의 문을 확 열어야 한다. 죽음과 삶은 한 끗 차이도 없다. 우리의 안녕이 들숨과 날숨의 역설에 달려 있듯이.

내가 삶의 주어이듯이 죽음의 주어도 내가 되어야 한다. 자기의 죽음에 대해 자기 결정권을 주체적으로 부리지 않으면, 누군가 내 죽음에 불청객같이 끼어들기 마련이다. 불청객은 대형병원 의사일 수도 있고 내 맘을 가장 잘 읽는다고 믿는 가족일 수도 있다. 가족과 여태 삶을 합창하며 살았듯이 죽음도 함께 노래하는 분위기를 만들어야 한다. '사전 연명 의료 의향서'를 건강할 때 미리 써서 공유해야 한다. 누구나 말기 치료를 받는 환자가 될 수 있다.

"존경하는 의사 선생님! 내가 무의식 상태나 식물인간 상태가 아니면 생명 연장을 위한 조처를 최대로 취하여 주십시오. 그렇지 않으면, 생명을 단순히 연장하는 의료 행위를 취하지 마십시오. 나는 여태 존엄하게 살아왔습니다. 죽음도 엄숙하게 맞고 싶습니다." 잘살고 잘 죽을 권리는 손바닥과 손 등 사이다.

석양이 이토록 눈물겹게 짜릿했던가.

2024. 6. 16.

당신이 그대로 계시므로

부활절 성가대의 칸타타가 뼛속을 적십니다. '눈물의 십자가', '십자가 외에는', '주의 집', '험한 십자가 능력 있네', '예수 오늘 사셨도다', '주님의 은혜'에 이르기까지. 눈물샘을 꾹꾹 누르다가 손수건으로 얼굴을 아예 덮습니다. 조지프 브로도스키 시인의 「겨울 물고기」에 나오는 물고기가 부럽습니다. "물고기는 눈물을 흘리지 않는다"라는 시구가 촉촉해진 맘속으로 헤엄쳐옵니다.

목사님의 말씀은 어안이 떨리도록 어떻게나 달보드레한지요. 십자가의 죽음은 나의 죽음이어야 한답니다. 내 마음과 자아를 죽여 나를 내려놓아야 한다는 게지요. 내가 죽어야 예수가 살고 내가 죽어야 가정이 산데요. 이뿐이겠어요. 내가 죽어야 글이 살고 마침내 문학의 숨결도 만발하겠지요. 예수 밖에서 살려고 했던 날이 많았습니다. 주춧돌이 없는 기둥을 기를 쓰고 붙잡았습니다. 다시 눈물입니다.

눈물에도 온도가 있습디다. 뜨겁게 흘려보낸 눈물만큼 강렬하게 휘발하는 감정이있을까요. 바다가 보이는 언덕에 서면 눈물을 배우는 짐승이 된다는 조지훈 시인의 고백을 표절합니다. 십자가 그늘 밑에 있으면 눈물이 말을 걸어옵니다. 시인은 눈물의 말을 받아 적을 줄 알아야 심장이 거칠게 뛰겠지요. 눈물이 맑았으면 좋겠습니다. 뜨겁게 끓어 글밥을 지었으면 해요. 숨 쉬고 잠자는 일까지도 눈물을 만들어 화들짝 깨닫는 일상이길 바래요.

어머니 생신입니다. 작은 선물을 마련했습니다. 용돈을 넣은 봉투에 문장 몇 줄을 한 땀 한 땀 새겼습니다. “엄마, 감사해요. 건강하게 오래오래 사셔야 해요. 사랑해요.” 어머니의 눈이 눈물을 굽습니다. 눈물은 무언의 침묵 속에서 서로의 강을 꿰뚫어 흐릅니다. 어머니의 삭신 어느 한 곳도 금 가지 않은 데가 없습니다. 금을 똘똘 말은 멍석처럼 뒤란에 감추고 사는 어머니의 육신은 차츰 쓸모가 닳고 있습니다. 몸져누워 짐이 된 게 유산으로 남을까 봐, 낙상하는 가운데서도 머리를 감쌌답니다.

천 개의 벼랑을 만날 때마다 천만 번 이상 새끼를 희망으로 삼았을 어머니. 작업실에 박혀 살면서 끼니는 거르지 않는지, 속옷은 잘 빨아 입는지, 사람 만날 일이 생길 때 지갑을 열지 못해 주눅 들지 않는지. 어머니는 마음의 가지에 염려를 늘 아그데아그데 매달고 있습니다. 철들 줄 모르고 시의 꼬리나 붙잡고 사는 꼴이 어머니한테는 늘 아픈 손가락인가 봅디다. 작업실로 와서 어머니가 무쳐준 머위 나물 찬통을 폅니다.

봉투만 갖고 돈은 그대로 넣었습니다. 또 눈물입니다.

며칠째 붙잡고 있는 책이 있습니다. 눈물이 소금꽃으로 피어나기 전에 손을 잡고 밖으로 나섭니다. 나온 이유를 설명하지 않아도 오후의 옆구리에 쌓인 볕은 시비하지 않습니다. 이다지도 포근할 수가요. 눈물에 맑게 헹궈진 마음이 빨랫줄에 걸린 광목 이불 홑청의 비누 냄새처럼 날립니다. 아무 때나 들러도 낯설지 않은 카페에서 책의 단추를 풉니다. 책은 시간을 지웁니다. 손을 잡아도 뿌리치지 않고 입술을 겹쳐 놓아도 고개를 돌리지 않습니다. 활자는 때로 북채가 되어 가슴을 울리고 회초리가 되어 종아리에 핏자국을 남기기도 합니다.

'막장'이라는 어휘가 바람이 꽉 들어찬 공처럼 튑니다. 갱도의 막다른 곳. 탄광에서 갱 안에 뚫은 길로 탄광의 맨 끝입니다. 갱도는 습하고 어둡습니다. 땅 밑으로 수백 미터에서 수천 미터를 파고 내려가야 합니다. 이곳에서 광부는 석탄을 캡니다. 고흐는 20대 초반에 화가가 아니라 목사가 되고자 했습니다. 벨기에 탄광촌에서 복음 전도사로 활동하며 가난한 탄광촌 노동자와 함께 생활했습니다. 따지고 보면, 생의 현장 어디든 막장 아닌 곳이 있을까요. 삶을 치열하게 사는 사람은 어느 분야에서 일하든지 예술가입니다.

예술은 상처를 태반으로 태어납니다. 상처에 혀를 대고 핥으면 언젠가 아물기 마련입니다. 눈물이 때로는 긴 혓바닥이지요. 눈물은 받쳐줄 언덕이 있어야만 마르지 않습니다. 하루 치의 눈물을 당겨 흘렸는데도 '막장'에서 갓 태어난 눈물을 다시 만납니다. 눈물짓는 일이 강가에서 물을 만나는 것같이 수월하니 어디에다 쓸까요. 숲도 까닭 없이 앓아눕고 싶을 때가 있습니다. 얼룩 몇 점 괜스레 갖고 싶은 게지요. 비가 내린 뒤 숲은 맑은 풍경이 됩니다. 씻김은 지워지지 않는 얼룩을 어루만져 골고루 깨끗해지는 겁니다.

쓸데없이 찾아오는 눈물이 있을까요. 눈물도 짝이 있을 거예요. 얼마나 더 흘려야 마음의 바다가 출렁거리며 배를 띄울 수 있을까요. 쓰다가 만 시를 그득 채워 만선으로 돌아올까요. 닫은 사립문을 열고 이 땅의 모든 갈증에게 냉수 한 사발 내밀까요. 바람의 농지거리와 험담을 그저 웃고 넘길까요. 아직도 눈물 몇 상자가 남아 있습니다. 삶이 막장이고 헛방일지라도 견디며 살아야 할 이유입니다. 눈물을 받쳐 줄 당신이 그대로 계시잖아요.

2025. 4. 20.

기억 창고

이장이 전화했다. 마을 입구에 세울 안내석 글귀를 정하는 문제로 마을 회의를 열겠다며 꼭 참석해달라고 한다. 마을 이름에 꽃이 들어있어 어떻게든 꽃과 끈을 엮으려고 생각을 깊이 팠다. '꽃 같은 사람, 꽃 같은 마을, 원화심' 여러 어르신께서 시인이 빚은 것이므로, 그렇게 하자고 하신다.

울타리 너머 매화의 젖몽우리가 제법 볼록하다. 매실나무는 겨울의 끝물쯤에 이르러 몸을 푼다. 사소하게 부는 바람결에 흐르는 향기가 덧칠한 화가의 붓질처럼 두텁고 진하다. 산중에 있는 선암사의 홍매화는 산문 밖에 있는 매화보다 양수를 더디게 터뜨린다. 불자가 아닌 사람도 선암매의 향기를 묻혀 오려고 3월을 짝사랑처럼 앓는다. 질투의 하느님처럼 단청이 벗겨진 대웅전의 부처도 선암매를 시샘하실까.

지난겨울, 눈이 사나흘 걸러 한 번씩 내렸다. 내린 눈이 녹을라치면 다시 오고 쌓이고. 잔설이 아직 지워지지 않은 야트막한 산자락엔 복수초가 얼굴을 노랗게 내밀기 시작한다. 꽃에도 체온이 있다고 하면 낯설게 들릴까. 복수초는 글리세롤이라는 부동액 성분을 몸속에 지니고 있다. 영하 10도 이하로 기온이 떨어져도 눈이나 얼음 속에서도 꽃을 피운다. 세상살이의 이치도 이와 다를 게 없다. 우리의 현실은 냉혹하다 못해 한랭전선을 뒤집어쓰고 있다. 이럴지라도 따스한 마음과 체온을 가지고 맞닥뜨리면 그런대로 견디며 살아지는 게 삶이다.

사람이나 꽃이나 이름 노릇하며 살기 어렵다. 복수초가 피고 나면 잇대어 영춘화가 복수초의 색깔을 빼닮아 태어난다. 봄을 맞이하는 영춘화는 허리를 낮게 숙이고 단추를 이름대로 푼다. 생김새가 개나리와 닮아 개나리로 오해받기도 한다. 무릎 꿇고 허리를 공손히 숙이고 싶은 대상이 있다는 것은 절망하기 이르다는 것이다. 삶이 느닷없이 지루해지거나 게으름을 부리고 싶은 날이 있다. 꽃이 피어나는 건 사랑하고 살아야 할 이유를 알아차리는 것이다.

민들레꽃은 아스팔트 틈이나 바닥 벽돌 사이에 둥지를 튼다. 우리가 틈으로 여기는 비좁은 공간을 민들레는 집으로 생각하고 안주한다. 틈 아래는 넓은 흙이다. 벌이나 나비에게 도움받지 않고도 바람길 따라 자손을 퍼뜨리는 이른바 풍매화다. 바람이 씨앗을 틈에 내려놓으면 그곳에서 생육하고 번성하는 생을 산다. 네오나르도 다빈치는 「모나리자」나 「최후의 만찬」과 같은 대작을 남겼지만, 그림을 완벽하게 그리려는 틈이 있었다. 이런 탓에 미완성으로 남긴 작품이 완성한 작품보다 더 많다.

우리는 틈을 흔히 흉으로 여긴다. 땅은 실낱같은 비좁은 틈을 어머니의 마음으로 내어준다. 민들레는 그곳을 절망으로 여기지 않고 꿈을 꾼다. 민들레 꽃씨는 자신이 땅에 떨어지면 썩어 없어진다고 믿을까. 고형렬 시인의 「꽃씨」 가운데 한 조각이다. "모든 꽃은 자신이 정말 죽는 줄로 안답니다/ 꽃씨는 꽃에서 땅으로 떨어져/ 자신이 다른 꽃을 피운다는 사실을 몰랐답니다" 자신의 부활을 신앙하지 않는 꽃씨를 책망하는 게 아니다. 삶과 죽음을 한 고샅길로 여기는 시인의 폭넓은 생명관을 드러낸다.

이대흠 시인의 「목련」 가운데 한 부분이다. "그리움이 아니었다면 어찌 꽃이 폈겠냐고/ 그리 오래 허공으로 계시면/ 내가 어찌 꽃으로 울지 않겠냐고/ 흔들려도 봐야지" 꽃이 핀 연유의 강을 거슬러 오르면 그리움이라는 상류와 맞닿는다. 곽재구 시인은 제목을 「그리움」이라고 아예 못 박는다. "달빛/ 하얀 밤// 두엄자리 곁/ 분꽃 피었다" 달밤 환한 밤, 그리움은 잠을 자도록 내버려 두지 않는다. 두엄자리 곁을 서성이다 발견한 분꽃은 그리워하는 대상의 분신인 셈이다.

빈센트 반 고흐는 해바라기를 즐겨 그린 화가다. 프랑스 남부 아를에서 예술 공동체를 꿈꾸던 고흐는 폴 고갱을 초대한다. 개성이 강한 두 사람을 묶어준 건 고흐의 동생 테오다. 형과 함께 묵는 동안 생활비를 대주겠다는 테오의 제의를 고갱이 받아들인 것이다. 고흐는 고갱과 함께 지낼 방이 너무 남루하여 해바라기 그림으로 채운다. 고흐 곁에는 사람이 거의 없었다. 자신의 예술 공동체 제의를 유일하게 받아들인 고갱에 대한 예의로 해바라기를 그토록 피웠을까. 해바라기는 고흐의 고독에 뿌리 박고 있다.

어느 생명이든 출산할 때 산통을 겪는다. 씨앗이 썩지 않으면 싹을 틔우지 못하고 꽃이 피어나지 않으면 열매를 맺지 못한다. 꽃은 몸이 찢어지는 아픔을 겪는 힘으로 피어난다. 호박꽃이나 할미꽃은 추하고 장미는 아름답다고 여기는 것은 지독한 편견이다. 어느 꽃이든 종족을 보존하려는 본능에 충실하다. 꽃의 미추를 단정 짓는 것은 인간을 중심에 둔 이기의 사고다. 꽃의 향기도 마찬가지다. 꽃이 내뿜는 향기는 생존이나 번식과 관련 있다. 어디까지나 생명의 원리 나아가 거대한 자연의 수레바퀴다.

우리가 꽃 이름 하나 모르고 지나치면, 한 생명을 외면하는 것과 같다. 봄은 꽃을 앞세워 도둑같이 온다. 지금쯤 양지쪽에는 변산바람꽃이 겨울잠에서 깨어나 바지춤을 올리고 있을 터. 노루귀는 꽃샘바람의 손길에 간지럼을 타며 두 말 가웃쯤의 웃음을 꺼낼 터. 홀아비바람꽃은 홀아비의 두건을 언제쯤 벗을까. 참, 그 꽃은. 그 꽃은. 이름을 잊었다 하여 꽃이 존재하지 않는 건 아니다.

오래 묵혀둔 채 까마득하게 지낸 이름, 입술로 읽으면 기억이 피어날까.

2025. 3. 5.

홍매화

형형색색의 동사를 괄호 안으로 묶고 푸는 문장의 한 지점. 이곳에서 서정시 한 편을 기다린다.

서정시보다 서정적으로 허공에서 꽃잎이 내린다. 갯내보다 능금 내가 흥건하다. 별 하나로 인해 어둑한 하늘이 빛나듯, 도시가 움푹 휘청거린다. 2월 끝물에 들른 산사의 대웅전은 단청을 홀랑 벗은 나체. 나뭇결이 결결이 드러나 외려 고풍스럽다면 불경스러운 것일까. 홍매화의 각혈에 피 묻히려는 생각은 애초 맘에 없었다. 3월 허리께나 꽃 그림자를 증폭한다는 전갈을 알음알음 받았으니.

하늘과 가장 가까운 꼭지 우듬지에 막 불을 붙인 초롱만 희미하게 걸렸을 뿐, 풍문대로 홍매화는 단추를 잠그고 있다. 산중의 시제는 아직 겨울의 진행형이다. 기형도 시인이 그랬던가. “겨울은 언제나 우리를/ 겸손하게 만들어준다”라고. 홍매화의 몸매를 여러 각으로 잡으며 느낌표를 연거푸 쏟는다. 빗자루로 쓸어 담으면 서너 말은 됐을 터. 완벽하지 않은 개화 앞에서 다른 풍경을 발굴하는 꽃잎의 눈은 혜안 너머 미안(美眼)의 극점이다.

날씨는 철들지 않은 사람같이 변덕스럽다. 시절의 경계 날씨는 더욱 그렇다. 2월 끝과 3월 첫머리의 산중 바람이 질투를 부린다. 바람도 아름다운 건 알아본다. 꽃잎과 나 사이엔 본래 길이 없었다. 삶의 조각을 나누고 글을 나눠 먹고 마음속을 오가다 보니, 어느 날 길이 만들어졌다. 이 길에서 만나 산사의 길을 나선다.

야생이란 말에는 힘이 묻어있다. 인위를 거세한 자연의 맛깔스러움이 순진하게 들린다. 게다가 차가 더해지면 갈증이 핀다. 커피보다 차, 차보다 술이 어울릴 듯한, 아니 무엇이든 다 융합해 낼 게 틀림없는 꽃차가 맞아준 야생녹차 체험관. ‘다도’라는 말속엔 일본의 사무라이 그림자가 곁들어 있어 ‘다례’란 말이 옳은 말이란 걸 새삼 깨우친다. 해설사가 우려낸 녹차를 앞에 두고 꽃잎의 눈빛을 그득 담는다.

어떤 절차를 번거롭게 여기면 쓸모없는 형식이 되지만, 가슴으로 받아들이면 맛이되고 멋에 이른다. 절차는 하나의 과정이다. 차를 끓이면서 물을 조절하고 시간을 참아내는 방법을 익힌다. 상대를 배려하는 마음을 얻는다. 삶 자체가 익힘의 연속 아니던가. 익힐 습(習)은 날개(羽)와 자신(自)이 만나 이룬 글자다. 스스로 날개 치며 배우고 익히자는 것이다.

그리워하면 누구든 날 수 있다. 날개를 가진 것만 비행한다고 여기면 허공이 너무 좁을 수밖에. 그리움은 원근의 거리를 불문하고 시공간을 조건으로 삼지 않는다. 곁에 있어도 그리운 것은 결핍과 충만의 감정이 무아의 춤을 추는 것이다. 만삭인 봉숭아를 건드리면 터질 것 같고, 가만히 두면 다른 데로 튈 것 같아, 그저 바라볼 수밖에 없는. 절체절명의 찰나. 오랜 시간 이리 재고 저리 가늠하지 않아도 사랑은 한눈에 들어온다.

아우슈비츠 수용소에 갇힌 사람은 소소한 순간으로 불행을 견뎠다. 생존에 관한 법칙은 의외로 손바닥 안에 숨어있다. 고통의 함정에 빠져 숨구멍이 닫히려 할 때, 사랑하는 사람을 떠올리면 행복해진다. 이 땅 어딘가에 사랑하는 사람이 공존하고 있다는 것은 희망이다. 사랑은 마음의 구심점을 향해 서로 접속하는 것. 슬픔의 무게를 덜어내는 게 사랑이기도 하지만, 사랑 때문에 슬픔의 무게가 더해지기도 한다. 이럴지라도 사랑은 건너뛰지 않고 빠져야 하고, 건너지 않고 뛰어내려야 한다. 사랑도 생과 한통속이라서 실패할 때도 있다. 그러나 사랑하는 까닭만으로 삶의 미학자가 된다.

미학자는 순간을 포착한다. 순간의 미학은 사소한 곳에서 깊은 의미를 평이함에서 특별한 뜻을 건축하는 것이다. 별것 아닌 데서 별것을 도움이 안 되는 것을 쓸모로 재생산하는 창조 작용이다. 다양한 불편을 감수하며 주류가 아닌 비주류로 존재하며 공감의 밑불을 지피는 것이다. 구정물이 고인 진원지를 뒤집어엎고 새물이 흘러오게 바람을 넣는다. 어깨와 이마를 맞댄 한옥이 빚은 그림자를 보고 꽃잎이 순간의 미학 본능을 휘발한다. 꽃잎은 마치 새의 그림자까지도 선명하게 볼 줄 아는 시인. 아름다운 심안을 가진 꽃잎의 등에 앉은 별이 뽀땃하게 따시다.

정오를 운명의 시간으로 일컬은 이가 니체였던가. 임금에게 올리는 이름을 붙인 밥상을 홀로 받는다. 받은 것은 음식을 막론하고 밥이 된다. 한 알의 밥이 되기까지 한 톨의 쌀은 얼마나 많은 사랑을 받고 자랐던가. 쌀 이전에 나락이었고 나락 이전에 일관된 결속이었으니. 결속 곧 힘, 힘 곧 심. 마음 깊이 쌓은 서로에 대한 신뢰 아니던가. 곡주를 홀로 순배하며 정오 이후부터 홍매화 빛깔로 물들었다.

저녁은 어떤 이에게 쉼의 시간이지만, 누군가에게는 별리의 순간이다. 그리움의 혈관에 선혈을 흐르게 하는 동맥이다.

밤바람이 해체한 괄호 사이에 홍매화 한 그루로 오래 서 있었다.

2024. 3. 5.

징검다리 건너 바라보기

오늘도 길에 올랐다. 날마다 마음에 지도를 그리며 나서는 산책길. 어느 지점에 물억새가 있고 어느 길섶에 제비꽃이 피는지 길의 속살을 환하게 꿰고 있다. 시계를 보지 않아도 장재교에 이르면 30분, 초포다리에 당도하면 1시간쯤 걸린다는 사실도. 낯익은 풍경은 맘에도 익숙하게 다가온다.

만경강 상류의 소양천이 산책길을 따라 흐른다. 즐겨 걷는 산책길 건너편에도 산책로가 있다. 징검다리가 두 길을 잇는다. 오늘은 방향을 틀어 엇길 같은 징검다리를 건넜다. 징검다리는 일반 다리와 달리 건너기 불편하다. 물 가운데 군데군데 놓은 돌을 총총걸음으로 밟고 가려면 보행의 리듬이 깨지기 쉽다. 때에 따라서는 몸의 균형을 잡느라 한쪽 발로 내내 앞 내딛기를 해야 한다.

건너편 산책로에서 만날 다녔던 길을 바라보니 원경의 풍광이 오롯했다. 시내에 있는 아파트와 소양천 이곳저곳에 자라는 물억새가 한 풍경으로 동거했다. 멀리서 보니, 시야가 너붓해지면서 가슴의 평수도 널찍해졌다. 똑같은 사물인데도 보는 각도에 따라 이렇게 달라진다. 징검다리를 건너 반대편에서 풍경을 바라보는 이른바 뒤집어 보는 눈을 우리 사회가 얼마나 용인해왔을까.

돌이켜보면, 학교에서 배웠던 지식 가운데 팔 할 이상은 상상의 영역을 넓히지 못한 편견의 조각에 불과했다. 역사 시간에 역대 왕의 치적에 대해 암기하고 1번에서 4번에 제시한 문항에서 답을 찾았다. 모 왕이 추진한 어떤 정책이 당시 사회와 백성, 주변 국가에 미친 영향에 대해 알 필요가 없었다. 왕조 중심적 사관을 위주로 배운 역사로 인해 우리 머릿속에는 백성은 없고 왕만 존재했다.

『토끼전』에 나오는 자라를 간신이라고 하면 오답이고, 충신이라고 해야 정답이었다. 백성이 조정을 상대로 일으킨 집단행동을 민란이라고 해야지 혁명이라고 하면 그릇된 답이었다. 춘향이는 열녀, 심청이는 효녀, 흥부는 선한 동생이라고 해야 점수를 얻었다. 김소월의 「진달래꽃」 주제를 이별의 정한이라고 쓰지 않으면, 머리가 나쁘거나 공부하지 않은 사람으로 낙인찍혔다. "나 보기가 역겨워 가실 때에는/ 죽어도 아니 눈물 흘리오리다"

이 시구와 관련해 역설적인 표현이라고 암기한 기억밖에 없다. 오랫동안 사귄 남성이 자신을 일방적으로 버리고 떠났는데, 가슴 아프지 않을 여성이 있으랴. 배신감과 증오심으로 피가 마르고 살의까지 품을 수 있다. 이 시를 전통적인 산책로에서 벗어나 추리 상상으로 바라보는 눈도 허락해야 하지 않을까. 예서 이별의 아픔을 극복하려는 의지적인 여성상을 발견하는 힘은 추리하고 상상하는 길을 가야 가능하다.

몇 해 전, 「매듭」이란 심리극을 보았다. 어머니와 아들 사이에 일어난 심한 갈등을 연극을 통해 푸는 방식이다. 어머니와 아들이 서로 역할을 바꿔서 그동안 쌓였던 서운함을 토로하면서 극에 이른다. 자신이 상대 입장이 되면 자신은 물론 상대를 객관적으로 바라본다. 주관의 성을 허물면 우리 삶의 노래는 독창이 아니라 합창이 된다. 말하는 방식도 직선의 언어를 쓰지 않고 곡선의 언어를 쓴다. 마음의 문을 빼꼼하게 열지 않고 활짝 열어젖힌다. 세상에 존재하는 어떤 매듭이든 지은 사람이 풀어야 한다.

징검다리를 건너 즐겨 다닌 산책로로 들어섰을 때, 초등학교 때 친구가 전화했다. 부산에서 혼자 산다. 20대 초반에 만난 뒤로 여태 보지 못했다. 친구는 맨정신으로 전화한 일이 거의 없다. 다른 사람과 술자리를 하거나 혼자 술을 마시며 주로 전화한다. 술에 취한 사람이 그러하듯이 술을 마시면 같은 말을 되풀이한다. 부모님은 잘 계시냐. 언제 한번 만나자. 교수가 그렇게 바쁜 직업이냐. 너 책 냈다는 이야기는 들었지만, 난 글을 읽을 줄 몰라 책도 못 본다. 친구는 자존심을 어디에 감추고 살까.

머릿속에 먹물이 가득 찬 친구보다 늘 겸손하고 진솔하다. 친구가 하는 이야기를 듣다 보면, 한 시간 이상 훌쩍 지난다. 이러할지라도 세월이 아깝지 않다. 친구의 이야기 속에 고독한 나무가 아름드리로 자라고 외로운 그림자가 팔베개로 누워있다. 친구가 풀어놓는 사설에 "그래, 그랬구나. 그랬겠다. 응응. 세상에" 따위의 추임새를 아끼지 않고 덧입힌다. 여태 "술 그만 마셔라. 맨정신으로 전화하라."라고 말한 적이 없다. 이 친구를 징검다리 건너서 바라보려는 맘 때문일까.

이런 맘을 모든 사람에게 품고 살지 않는다. 여느 사람같이 한 번 눈밖에 난 사람에 대해서는 독한 편견을 갖고 상대하지 않으려고 한다. 때로는 한쪽 말만 듣고 선과 악을 규정한다. 학생 앞에서는 선생인 척하고 십자가 그늘 밑에서는 교인인 척하며 산다. 힘 있는 사람 앞에서는 한없이 부드러워지고 약한 사람 앞에서는 강해지려고 한다. 분노를 야물게 다스리지 못하고 감정을 마구 방목할 때가 많다.

징검다리 건너, 건너편의 우주를 다시 본다. 눈에 든 것마다 풍경을 넘어 절경이다.

2023. 02. 19.

와온의 금해문을 뜨다

석양의 붓끝이 잔잔한 수면에 금해문의 글씨를 새겨넣는다. 추사 선생은 우리나라 금석문에 관해 폭넓은 경험과 지식을 지닌 큰선비다. 추사가 금석문의 대가라면, 와온의 저녁놀은 금해문의 일인자다. 와온에 와서 저녁놀을 보지 않고 돌아가는 사람은 드물 것이다. 지는 해가 눈부시게 쓰는 붓놀림의 필체를 읽어낸 사람은 몇이나 될까.

와온까지 온 것은 생각 가운데 애당초 없었다. 마음을 나무뿌리처럼 멈추고 한 데 눈정을 오래 주고 싶었을 뿐. 이달부터 고속열차 요금이 반값으로 줄어든 게 한몫하기도 했다. 나이 듦에 관해 마음 한쪽이 닳아지기도 했지만, 예의 바른 누군가에게 어른으로 대접받는다는 기분이 공손히 솟았다. 깊이 파인 헛방에 호기심의 흙을 메우고 떠남의 씨알 하나를 정성 모아 묻었다 할까.

와온에 가려면 동행하는 놈을 얻어 수다를 피우지 않고 홀로여야 맛이 난다. 익숙한 사람과 눈정이 든 데 가면, 그곳의 배꼽이나 귓불 뒤에 있는 점을 보지 못한다. 낯익음은 상상의 날개를 꺾어 대상의 언어를 귀여겨듣지 못하게 막는다. 와온도 그렇다. 예술의 줄기에 잎이나 덩굴손을 달고 사는 사람 치고, 와온을 다녀가지 않은 사람이 있을까. 어떤 사람은 사진으로, 어떤 사람은 그림으로, 어떤 사람은 소리로 와온의 저녁놀을 연인처럼 즐겨 노래했다.

시인이 뒷짐 지고 가만히 있을 족속인가. 곽재구 시인은 「와온 바다」라는 깃발로 와온을 노래했다. "해는/ 이곳에 와서 쉰다/ 전생과 후생/ 최초의 휴식이다// 당신의 슬픈 이야기는 언제나 나의 이야기다/ 구부정한 허리의 인간이 개펄 위를 기어와 해의 발바닥을 주무른다// (중략)// 삼백예순날/ 개펄 위에 펼쳐진 그리운 노동과 음악// 새벽이면/ 아홉 마리의 순금빛 용이/ 인간의 마을과 바다를 껴안고/ 날아오르는 것을 보았다"

바다를 삶의 터전으로 삼고 평생 바닷일을 한 이곳 사람의 모습을 풍경으로 그린 시다. 바다는 해가 태어났다가 묻히는 공간이다. 새벽부터 저녁까지 개펄에서 일하다가 느릿하게 귀가하는 노부부를 '등이 하얀 거북 두 마리'로 묘사한 게 눈을 푸지게 채운다. '구부정한 허리의 인간이 개펄 위를 기어와 해의 발바닥을 주무른다'라는 장면에서 '구부정한 허리의 인간'은 '등이 하얀 거북'과 같은 대상이다. 노동의 고달픔을 시인의 따뜻한 서정으로 미화하여 위로해주니 피로감이 달보드레하게 녹을 수밖에.

서정춘 시인은 「와온의 시」를 출산했다. "하도나 좋은 포구 이름/ 누울 臥 따스한 溫/ 갯물은 덮어 주고/ 개펄은 품어 주고/ 여기 무슨, 무슨, 무슨/ 입 다문 조개들의/ 서산 해 질 녘" '하도나'에서 '하'는 분량이 많은 걸 돋보이게 할 때 즐겨 쓴다. 여기에 '~도나'까지 붙였으니 시인이 와온을 얼마나 마음에 깊이 뒀는지 가늠이 간다. 와온은 이름처럼 언제 가도 어머니 품처럼 이무럽다. 갯물은 덮어 주고 개펄은 품어 주듯이 마음의 평수가 널찍하다.

이런 마음이래서 조개 이름을 일일이 대지 않고 '무슨, 무슨, 무슨'으로 시인의 시어가 펄럭일 수밖에. 이 시는'입 다문 조개들의/ 서산 해 질 녘'에 이르러 절창을 보인다. 개펄에 나들이한 조개나 서산의 해는 저녁이면 입을 다문다. 입을 다무는 건 침묵하는 것이며, 침묵은 살아내는 힘을 채우는 것이다. 말을 말답게 하지 않고 마구 뱉으면 말똥이 된다. 개똥이나 소똥은 호박을 만들지만, 말똥은 깻잎 한 장 키우지 못한다. 자신을 사랑하는 사람은 몸이 방전될 때까지 내버려 두지 않는다. 와온의 해 질 녁이 주는 쉼과 평화가 모세혈관을 타고 흐르며 근육을 당긴다.

박현덕 시인은 「와온에 와 너를 만난다」라는 시를 '노을'이란 부제를 붙여 빚었다. "세상일 망했다고 무작정 차를 몰아/ 와온해변 민박집에 마음 내려놓는다/ 나는 왜 춥게 지내며 덜컹덜컹거렸지/ (중략) / 무릎 괴고 숨어서 눈 붉도록 울고 나면/ 하늘을 미친 바람처럼 물고 또 뜯고 있지" 세상살이하면서 절벽 같지 않은 날이 하룻날도 없는 이가 있을까. 요런 날, 파도의 울음에 세상일을 묻으려고 바다를 찾으리.

한기가 가시지 않은 삶은 허기지기 마련이다, 허기진 삶은 중심이 무너져 덜컹거리기 일쑤다. 덜컹거리는 인생은 눈물이 마를 날 없다. 드러내놓고 울지 못한 울음은 와온의 석양빛처럼 사붉다. 눈물이 납작하지 않고 동그란 건 걸림 없이 굴러야 하기 때문이다. 마음의 우물에 괸 눈물을 밖으로 떨어뜨리는 건 나무가 자신의 잎을 버리는 일과 같다. 낙엽을 만들어야 나무가 살아남는다. 마음 아픈 일이 있으면, 숨어 울지 말고 와온 석양 밑에서 낙엽처럼 눈물을 대놓고 내려놓아라. 누군가가 다가와 손을 따습게 내밀지도 모른다.

작년 8월 여러 글벗과 와온을 다녀간 뒤, 「와온에서」를 한 채 지었다. "감출 것 없이 다 드러낸 바닥/ 바다의 배꼽마다 붉은발사각게/ 와온 저녁 허공 노을빛으로 쓰는 문장/ 쉬쉬 감추며 살아온 것 어둑해지면서/ 고백체로 꺼내야 할 축복이 된다/ (중략) / 드러내놓고 꿈꾸는 땅 한 뼘 있으면/ 풀밭이면 어떻고 맨땅이면 어떻고/ 힘주지 않은 발 빠지는 갯땅이면 어떠랴/ (중략) / 화롯불처럼 불타는 와온 저녁 근처에서/ 노을의 허리 붙잡고 바다로 구른다" 열정의 날이 무디어질 때마다 바다를 그리다가 와온을 너처럼 만난다.

와온의 바다가 검붉게 탄다. 낙성(落成)의 순간, 와온의 석양은 지면서 문장을 완성한다. 바다로 구르며 와온이 쓴 금해문을 탁본한다.

2025. 1. 27.

예매

평행선같이 이어지는 일상. 이 궤도를 벗어나 허공을 날고 싶은 날, 열차표를 한 장 미리 끊었다.

어제 강의를 마치고 귀갓길에 시장을 봤다. 맘먹고 산 게 오이, 피망, 생수, 초콜릿. 며칠 전부터 공강인 틈을 타 지리산에 안기고 싶은 맘이 폭발했다. 오래전 다친 무릎이 앓는 소리를 멎지 않았는데도. 맨발로 걷다 다친 엄지발가락은 붕대를 덧댄 채, 부상자 행색을 벗지 않았는데도.

일단 떠나자. 떠남은 채우려고 비우는 것. 살다 보면, 그때가 선생이지 않던가. 그때 손 한 번 잡아줬어야 했는데. 밥이라도 한 끼 먹었어야 했는데. 그때 왜 그리 바빴는지 모른다. 핑계까지 따라붙어 살았는지 알 수 없다. 살다 보니. 그때가 후회였다. 막힌 살림 구멍 좀 뚫렸느냐고, 성하지 않은 삭신 좀 나아졌느냐고, 두 번은 물어봤어야 했는데. 그때 왜 그렇게 무심했는지 모른다. 변명까지 더부살이했는지 알 수 없다.

오늘이 어느 시절의 강에 이르면, 그때의 옷을 아프게 걸치고, 가슴 푸르뎅뎅하게 멍들지 모른다. 그때 떠났어야 했는데. 이따위 때를 만들지 않으려고 이른 시각 열차를 타고 구례에 이르렀다. 구례 산동에서 시작하여 남원 주천까지 16킬로에 이르는 지리산 둘레길. 7시간쯤 걸을 요량으로 지리산에 발을 들인다. 오월 중순의 볕이라고 치기에는 무더기 화살로 쏟아지는 땡볕. 볕이 만든 그림자가 유일하게 동행한다.

현천 마을에서 연관 마을까지 지나는 동안, 개미 한 마리 눈에 띄지 않는다. 찔레 향기가 발에 걸려 들숨을 깊숙이 내쉰다. 적막이 빚은 만연체 문장이 기다랗게 이어진다. 계척마을을 지나 오르막 숲에서 만난 편백, 자그마치 3만 그루에 이른다. 직립한 나무 사이로 아침볕과 숲 공기가 연한 산 아지랑이를 채색한다. 편백과 편백 사이가 적절하게 다정하다. 이들의 거리가 눈부시게 적절하다. 꼭 알맞은 사이로 다정하게 서 있는 게 얼마나 살가운 관계랴. 꼭 의합한 사이로 눈부실 수 있는 게 얼마나 당당한 관계랴. 중심은 이쪽으로 기울지 않은 적절한 사이다. 저쪽으로 쏠리지 않는 적절한 거리다.

색은 섞으면 섞을수록 칙칙해지고 빛은 합하면 합할수록 산뜻해진다. 붓 대신 빛을 한 점 한 점 찍어 그린 점묘법의 풍경화. 사람을 그려 넣지 않은 풍경에서 돋는 안온감은 어디서 온 걸까. 산길을 걷다 보면, 소외나 단절감을 초월하여 절대고독에 이른다. 화가 클림트가 아테제에서 혼자만의 시간을 보내지 않았다면, 〈키스〉와 같은 걸작을 낳을 수 있었을까.

지리산 주봉을 바라보며 오르는 밤재, 밤꽃이 피기 전이라서 그런지 찔레꽃 향기가 계속 따른다. 밤재 나무 그늘에 앉아 빈속을 채운다. 반 이상 온 여유일까. 마음에 평안이 들어서며 지리산 공제선이 유년 시절, 어머니의 젖가슴같이 보인다. 지리산은 섬진강을 끼고 있는 뫼가 아니라, 높으면서도 쭈그려 앉아 혼자인 사람을 안아주는 품이다. 지리산은 허공에 걸려 있는 뫼가 아니라, 멀찍하면서도 가까운 곁에서 그을려 타지 않는 그리움이다.

길은 단순한 보행로가 아니다. 마을과 마을을 접속어로 잇는다. 길은 문학과 역사, 철학을 잉태하는 자궁이다. 밤재는 백의종군길이라고도 부른다. 이순신 장군이 백의종군의 명을 받고 권율 도원수가 있는 순천으로 갈 때 밤재를 넘었다. 예나 지금이나 인재를 알아보지 못한 지도자는 고만고만한 측근에 둘러싸여 허방 짚는 일만 되풀이한다. 오르막이 있으면 내리막이 있는 법, 밤재에서 남원 지리산유스호스텔까지 내리막길이다. 여기서 약간 오르막길인 꼭두마룻재를 지나면 주천까지 계속 다시 내리막길이 이어진다.

인생의 지도에는 굴곡이 있기 마련. 바라는 것을 이룬 환희의 오르막이 있고, 실패의 쓴맛을 보며 내려가는 내리막이 있다. 산길은 인생길과 달리 오르막의 고통이 끝나면 내리막의 기쁨이 있다. 내리막길 끄트머리쯤 세월의 때가 낀 나무판에 사는 문장, "길을 허락하신 마을 주민께 감사드립니다." 길을 내어준다는 건 마음을 주는 것. 자신을 능가하는 사람마저도 품겠다는 관용이다. 산길을 걷느라 지친 길손을 나 몰라라 하지 않고 배려하겠다는 것이다. 이 길을 따라 찔레꽃 향기가 멎지 않고 따른다. 취할 수밖에.

“산동에서 주천까지 지리산 둘러 가는 길// 길목마다 찔레 선술집/ 바람이 순접으로 엮어/ 닿는 족족 따르는 향/ 주는 족족 마셨더니// 주천 주막 앞 이르러/ 한창 만발한 취기/ 갈 之 자만/ 일필휘지하였소”

- (「지리산 둘레길」 전문)

6시간 30분 걸린 보행. 외평마을 회관 나무 그늘에 앉아 찔레꽃 향기에 취한 기운을 달랜다. 할머니 서너 분이 정자에서 참외를 드시다 한 조각 건네신다. 참외가 이렇게 설탕 같았나. 찔레꽃 향기에 취한 시제가 과거로 뒷걸음질 치며 몸의 생기가 현재로 돌아온다. 남원역으로 가려고 버스를 기다리는 정류장. 바로 옆에 둘레길 1구간 시작점을 알리는 표지판이 서 있다. 1구간은 주천에서 운봉까지 14.6킬로에 이른다.

지리산 둘레길의 찔레꽃 향기가 굳기 전, 남원행 새벽 열차표를 한 장 미리 사둘 터.

2023. 5. 18.

세한도를 듣다

사흘째 내린 대설주의보. 눈을 쓸고 뒤돌아보면 또 눈이고 치우고 돌아서자마자 다시 눈이다. 정원에 있는 소나무가 온통 눈을 뒤집어쓰고 저마다 세한도의 표정으로 서 있다.

추사 김정희의 세한도는 한 폭의 그림에 머물지 않고, 추사가 살아온 삶의 내력과 역사가 깊이 숨 쉰다. 세한도는 추사가 제주도에서 유배 생활하면서 그렸다. 당시 추사는 중국 스승인 완원의 학문 세계에 빠져 그를 흠모했다. 스승이 추사에게 준 책을 수레에 싣고 2년에 걸쳐 돌아온 제자 이상적에게 주려고 그린 그림이다. 추사가 가시 담장에 갇혀 지내는 동안 많은 사람이 곁을 떠났다. 추사는 자신에게 의리를 지킨 제자의 도움으로 학문의 지경을 넓혔다.

세한도에는 소나무 한 그루와 잣나무 세 그루가 어울려 있다. 그림

꼭지에 '歲寒然後 知松柏之後彫'라는 공자의 말을 새겼다. 혹독한 추위가 온 뒤 잣나무나 소나무의 푸름을 알 수 있다는 말에서 추사의 마음을 어줍게나마 읽을 수 있다. 예나 지금이나 내일을 알기 어렵다. 아니 이 순간의 바로 뒤란을 넘겨볼 수 없다. 글과 글씨, 금석문이라는 고증학 분야에서 봄날 같은 삶을 누린 추사에게 정조의 죽음은 세한 같은 혹한을 부른다.

추사는 유배지에서 늘 앓았다. 조선의 역사는 사화와 당쟁의 역사로 일컬을 만큼 음모와 모반이 가물지 않았다. 연줄에 따라 출세하기도 하고 하루아침에 죽음을 맞기도 했다. 추사도 이 역사의 수레바퀴를 벗어나지 못했다. 땅길 천 리, 바닷길 천 리의 유배지. 돌이 많은 땅에서 텃밭에 나물 한 뿌리 심지 못했을 터. 물이나 음식이 맞을 리 없는 곳에서 매끼니를 혼자 꾸리며, 먹고 마시는 것이 생선 쓸개를 씹는 맛이었을 터. 바람이 많은 땅에서 밤마다 붙잡으려는 잠은 먼 데로 자꾸 달아났을 터.

무엇보다도 고독과 배신감이 그를 가장 힘들게 했을 것이다. 추사는 편지를 즐겨 썼다. 세상과 단절된 숨 막히는 상황에서 유일하게 소통하는 게 편지였을 터. 유배지에서 아내의 죽음도 모른 체 아내에 대한 그리움을 편지로 절절히 보냈다. 애가 끊어진다는 말을 이런 때 쓰는 것일까. 그나마 초의선사와 우정을 깊게 나누면서 추사는 차에 눈을 넓게 뜬다. 차는 커피와 달리 끓이고 마시는 과정에서 차의 품격에 맞게 대화를 주고받는다. 차담(茶啖)보다 차담(茶談)으로 쓰는 게 더 어울릴 듯하다. 소치 허련도 추사를 자주 찾았다. 그의 그림과 글씨는 추사를 만나 만월처럼 부푼다. 문하생이 되겠다며 찾아온 여러 제자를 추사는 게으름을 피우지 않고 가르쳤다.

추사는 세한도에 '장무상망(長毋相忘)'을 낙관으로 새긴다. 오래도록 서로 잊지 말고 지내자는 그의 바람은 제자 이상적에게만 한 얘기일까. 자신이 건강할 때 사람이 찾는다. 권력을 지녔거나 돈이 많으면 문턱이 닳는다. 모든 인생의 날씨가 이런 날이면, 피지 않고 지는 삶이 있으랴. 혹한의 인생이 되어 손발이 시릴 때, 털장갑과 털양말이 되어 줄 사람이 있을까. 자리끼까지 언 방과 같은 삶의 아랫목에 군불을 넣어 줄 사람이 있을까. 탱자나무 울타리 같은 데 갇혀 있을 때, 종이비행기 같은 안부를 한 조각 날려 줄 사람이 있을까.

설령 없다고 해도 미리 절벽이 될 일 아니다. 소나무는 겨울에 몸의 근력을 단단히 다진다. 게다가 눈을 온몸으로 받아들인 소나무는 수형을 눈의 무게대로 잡는다. 사람 손으로 모양을 만든 분재 나무보다 자태가 자연스럽고 눈부셔 눈길을 줄곧 붙잡는다. 눈의 무게를 견디지 못한 소나무는 신체 가운데 일부를 잃는다. 소나무도 사람처럼 늙지만, 나이 먹는 걸 거부하지 않는다. 세월의 결과 자연의 결을 숨결로 만들어낸다. 나무나 사람이나 자신의 숨결을 사랑하지 않으면, 삶의 그림을 버팀목으로 그리지 못한다.

공자는 살구나무를 '행단(杏壇)'으로 삼고 제자를 가르쳤다. 공자의 제자인 자하는 가까이에서 생각하면 '仁'이 있다고 했다. 우주의 질서나 삶의 지혜를 먼 데서 찾지 말고 가까운 데서 찾으라는 이른바 근사(近思)를 깨우친 것이다. 추사의 세한도는 '송단(松壇)'이라고 할까. 세한도 가운데 유일하게 고목인 소나무 한 그루에 눈길을 지그시 준다. 먹물 묻은 붓을 빨래처럼 말린 갈필로 그린 소나무가 추사의 자화상으로 명료하게 들린다.

시간을 들여다보지 않는 공간, 공간을 머릿속에 두지 않은 시간은 존재하지 않는다. 자신의 꿈을 송두리째 꺾은 혹한의 시절에 유배지에서 생소하나마 사는 길은 소나무가 되는 길밖에 없었을지 모른다. 수피는 벗겨지고 가지는 굽고 휘었지만, 가지의 기세가 학의 날개처럼 비상한다. 굽고 휜 각이 굴종으로 욕되지 않고 어느 한순간 눈사람처럼 주저앉지 않겠다는 기품으로 당당하다. 살다 보면, 바람이 순하게 불지 않는 날이 많다. 지붕같이 얹힌 삶의 비중에 폭설이 덧쌓여 입김이 굴뚝 연기인 날도 있다. 어느 때든 마음이 중심이 아닐까. 중심이 중심을 울려 중심을 잡지 않을까.

추사는 유배라는 세한 속에서 자신을 성찰하며 노송처럼 중심을 잃지 않았다. 벼루 10개와 붓 천 자루가 닳을 때까지 글을 짓고 글씨를 쓴 추사가 눈앞에 계신다. 세한도를 다시 듣는다. 뿔을 앞세운 소처럼 눈이 씩씩거리며 또 쌓인다. 눈이 멎으면 봄이 한 발 더 다가오고 소나무는 나이테를 몸속에 또 하나 들일 것이다.

겨울을 건너온 중심으로.

2025. 1. 30.

3부

물의 독서

길 위에 선 발길이 물을 향해 자꾸 내닫는다. 작업실에서 아중호수까지 가려면 1시간 남짓. 오가는 시간까지 더하면 두어 시간 이상 시간의 옷자락을 붙잡는다.

아중천의 자박자박한 물길을 거슬러 흐르다, 물소리가 잠잠해지는 즈음에 이른다. 이때 아중천 둑의 돌계단이 숨 가쁘게 나온다. 거칠어진 호흡을 고르며 돌계단을 오르면 호수가 한눈에 들어온다. 맨날 활자를 끼고 사느라 지쳤던 눈이 물 풍경을 만나면 산뜻해진다. 물의 시인 강은교는 「우리가 물이 되어」라는 시에서 "우리가 물이 되어 만난다면, 가문 어느 집에선들 좋아하지 않으랴"라고 했다.

이 시에서 물은 생명력과 포용의 옷을 입고 우리에게 다가온다. 세상이 갈수록 흉흉해지고 사는 게 팍팍하다. 우리는 외로운 존재로 분리되어 합일과 거리가 먼 삶을 산다. 시인이 "그러나 우리는 지금 불로 만나려 한다"라고 안타까워했듯이. 호수가 물의 문장이라면, 문장을 연결하는 접속어는 호수 둘레에 있는 목교이다. 물 위에 있는 목교를 따라 걷다 보면, 물의 품에 안겨 아늑해진다. 우리는 하늘에 뜬 별을 보지 못한 채 땅만 보며 살 때가 많다. 앞길만 보고 걷느라, 길섶에 핀 꽃을 외면할 때도 있다. 누군가와 뜻밖에 뜻이 어긋나 불같이 서로를 태우려고 한다.

숨이 꺾을만한 곳마다 의자와 흔들 그네가 쉼표로 찍혀 있다. 흔들 그네에 앉아 황지우 시인의 「너를 기다리는 동안」이란 시를 가슴에서 꺼낸다. 시인이 노래한 것같이 세상에서 기다리는 일처럼 가슴 아린 일이 있을까. 목교를 걸어오는 모든 사람이 알만한 사람이었다가 생면부지의 사람이 되고야 마는. 목교에 발소리를 남기며 가는 사람이 마침내 타자로 지워진다.

가을은 기다림과 상관없이 망각이라는 명사와 슬몃이라는 부사를 곁에 끼고 온다. 한여름의 불볕을 잊은 호수에 가을이 발을 슬몃 들이고 있다. 니체는 우리에게 망각이 없다면 행복이나 희망, 자부심이나 현재가 없다고 했다. 망각을 단순히 기억하지 못한 상태로 여기지 않고 기억을 뛰어넘는 힘으로 봤다. 나아가 기억의 울에서 벗어나려는 치열한 싸움이라는 것이다.

물은 앙금같이 가라앉아 있던 아픔을 녹여준다. 불같이 일어나는 누군가에 대한 분노를 어루만지며 삭힌다. 자신을 아는 것 못지않게 자신을 망각하며 살아야 평온해지는 게 우리 삶의 속살일 때가 있다. 세상 밖으로 난 귓문을 열고 살다 보면, 별의별 언어가 유령같이 떠돈다. 언어는 마음과 마음을 잇는 목교이다. 언어의 온도에 따라 마음의 다리가 따시게 이어지기도 하고, 차갑게 무너져내리기도 한다.

언어를 잘못 쓰면 금속의 칼보다 예리한 흉기가 된다. 꽃은 다른 꽃을 뒤에서 흉보지 않으므로 아름답다. 똑같은 이름으로 태어난 꽃일지라도, 키나 크기가 면면히 다르다. 사람이 꽃보다 아름답다고 노래한 가수가 있다. 우리가 사람이라는 사실을 망각하고 꽃과 같은 마음으로 살아야 한다는 절규가 아닐까. 며칠 전, 풍문같이 들려온 말로 인해 속이 상했다. 뒤에서 들려온 뜬금없는 말이 멧돼지가 고구마밭을 파헤치듯이 마음을 후볐다. 철석같이 믿은 사람이 뾰쪽한 말을 흘린 수원지였다.

이럴 때 등반이 가방에 물 한 통 쑤셔 넣고 호수를 찾는다. 호수는 귓문의 경칩을 있는 대로 펼치며 옹졸하게 푸는 내 이야기를 너그럽게 품어준다. 맑은 햇살에 윤슬을 엮어 마음을 토닥인다. 물 버드나무 숲에서 발돋움한 왜가리 한 마리가 수면 위로 평행선을 긋는다. 왜가리의 날개바람이 옹색한 마음의 평수를 넓힌다. 망각해야 가벼워질 수 있다는 믿음을 새의 비행을 통해 깨닫는다.

누가 그랬던가. 험담을 즐기는 사람은 자존감이 낮다고. 이런 사람은 타인이나 사회, 우주나 세계뿐만 아니라, 자신에게 불만이 많다. 열등감이 심할 수밖에. 험담의 가장 큰 피해자는 자신이다. 말은 물과 같다. 우리의 마음이 계곡에서 흘러내린 물이나 빗물을 다 받아주는 호수 같으면 늘 봄이 아닐까. 여태 걸어온 길을 돌이켜 보면, 사람이나 자연의 말을 귀여겨듣지 않고 흘린 적이 많았다. 험담하고 구설을 즐겼다.

물바람이 분다. 걷기는 서서 하는 여행이며, 독서는 앉아서 하는 여행이다. 물의 독서는 물을 보며 물의 원리와 속성을 읽는 것이다. 물을 읽으면서 뾰쪽한 말을 한 사람의 마음을 호수같이 들여다본다. 그의 자리에서 그의 눈으로 빚은 생각이 그럴 수도 있었겠다 싶다. 서운했던 감정이 눈같이 녹아내리면서 얼굴이 슬몃 달아오른다. 서산으로 넘어가는 해의 뒤태가 유별스럽게 붉다. 석양의 색채를 온몸으로 받아들인 호수가 꽃잎을 거대하게 열어젖힌다. 장미꽃 같은 수면으로 물고기 떼가 은빛으로 물구나무서기를 하며, 느낌표로 반짝인다.

물길 따라 마음의 길을 가볍게 낸다.

2023. 10. 8.

도서관

길에 오르면 읽을거리가 많다. 읽는다는 것은 무엇인가를 눈여겨보고 귀여겨들으며 그에게로 젖어 물드는 것. 길은 우주에 있는 모든 책을 소장한 거대한 도서관이다. 도서관에서 빌린 책은 바코드가 찍혀 있지만, 길의 도서관에 있는 책은 바코드가 없다. 길의 도서관에는 사서가 존재하지 않는다. 책은 대출기한 없이 맘껏 빌려볼 수 있다.

길의 도서관에서 빌린 책은 저자의 말이나 목차 따위가 없다. 순서대로 표시한 쪽수마저도. 저자의 말속에는 책을 쓴 연유나 무엇인가에 관해 이야기할 것인지 미리 풀어놓는다. 어떤 정보는 너무 정확하면 건너기 어려운 강이 된다. 너무 어려워 읽기 힘들 것이라는 정보는 책장을 넘길 설렘을 미리 꺾는다. 우리가 객관적으로 아는 것은 지극히 일부이다. 나머지는 대부분 자기 생각의 어항에 기르는 주관의 물고기이다.

길에서 빌린 책은 서두르지 않고 읽어야 한다. 가능하면 쥔 숨통을 풀고 실타래같이 꼬인 머릿속을 멀쩡하게 한 뒤 비로소. 길에서 만난 문장이 만연체이거나 산문이면 책을 읽고 싶은 욕망이 쇠잔해진다. 바람같이 사소하게 흐르면서 쪽수를 넘겨야 서정시가 된다. 시가 너무 현실에 몰입하면 잔소리 같은 산문에 머물고, 관념에 치우치면 난해함으로 인해 난처해지기 마련. 이러한 누명을 뒤집어쓰고도 이 시대의 시인은 서정을 일으켜 시를 외롭게 쓴다.

길에서 빌린 책은 일정한 거리를 둬야 활자를 훤히 볼 수 있다. 우리 마음의 관측소는 한 곳에 박힌 고정식이 아니라, 수시로 자리를 옮기는 이동식이다. 관측소는 곳곳에 셀 수 없이 많다. 같은 거리에 있는 산일지라도 우리 마음의 관측소가 어디에 있느냐에 따라 서사나 되거나 서정에 이른다.

몸에 깊숙이 배면 익숙해지다 끝내 무디어진다. 우리가 지금 믿고 있는 것은 속도의 신일지 모른다. 완보는 뒤처지는 것이고 속보는 앞서가는 것이라는 질주에 대한 맹신. 이런 믿음이 젊은 시절, 젊다는 것을 모르고 지나쳤다. 속독은 영리한 것이고 완독은 미련한 것이라는 속력에 대한 신앙이 독서를 노동으로 만들었다. 완행열차 창 쪽에 앉아야 낮달을 볼 수 있고, 빨강 신호등 앞에 잠시나마 머물러야 저녁노을과 마주할 수 있건만.

길의 도서관에서는 책을 천천히 읽되, 정신 줄을 느슨하게 풀면 안 된다. 책 속에 쓸모없는 것은 거의 없다. 독자인 우리 역시 저마다 누군가에게 필요한 존재이다. '베르톨트 브레히트'는 「아침저녁으로 읽기 위하여」라는 시에서 "정신 차리고 길을 걷는다"라고 했다. 연유를 알면 누구든 고개를 끄덕일 것. 사랑하는 사람이 "당신이 필요해요."라고 고백했으니. 비에 맞아 살해되면 안 되니까, 빗방울까지도 두려워하며 걷겠다는 것이다. 사랑과 독서는 몰입과 황홀의 동성동본쯤 된다.

길의 도서관은 어디든 역이다. 책을 읽다 잠시 머무는 곳마다 출구가 유연하게 열려 있는. 기억은 출구를 나서자마자 예리한 파편을 하나씩 물고 떠난다. 원망에 대해 원망으로 맞서면 잠이 질퍽거리게 오지 않음을. 분노를 도살하지 않고 기르면 맘속에 돼지의 울음이 줄곧 낭자함을. 平凡을 사소하게 여기면 當然이 되지만, 기적과 행운으로 삼으면 감사가 됨을.

순간이 녹이 슬어 부식되는 순간, 과거에 굳이 이르러 역사를 잉태한다. 시간에 끌려다니는 사람은 생각의 이랑을 북돋울 수 없다. 길의 도서관에서 책을 읽으면 시간과 나란히 동행할 수 있다. 우주를 끌고 다니는 것은 시간이 아니라, 우리가 키우는 저마다의 생각이다. 처음이나 나중은 오차가 거의 없는 시간의 다른 이름일 뿐. 길의 도서관에서는 순간순간 벗어 재끼는 시간의 허물을 감별할 수 있다.

길의 도서관에서 책을 읽으려면, 오감의 동료를 불러 모아야 한다. 여기에다 상상의 날개를 생각의 겨드랑이에 붙이며 날기까지. 각각의 감각이 다른 감각과 유기적으로 결속해야 체화된 책 읽기를 할 수 있다. 어떤 지식이든 육화되어 일상적 삶의 꽃으로 피우지 못하면 쓸데없기 마련. 오독은 상상의 소산물이다. 길의 도서관에서 빌린 책은 기꺼이 정독하지 않아도 된다. 목차만 훑어봐도 되고, 눈이 가는 대로 발췌하여 읽어도 쓴다.

책을 읽고 나서 글의 씨앗을 뿌리지 않으면, 언어의 밭이 척박해진다. 생각을 일으켜 문장을 세워야 비로소 독서를 완성할 수 있다. 글감은 소재보다 시선과 한통속이다. 미지의 껍데기를 뚫어 그의 심장으로 뛰고, 그의 혈액으로 녹아 흘러야 한다. 기록하지 않는 것은 역사의 측근이 될 수 없다. 길은 모든 역사의 현장이다. 역사를 한걸음이라도 나아가게 한 것은 수많은 입보다 몇 자루의 시퍼런 붓이었다.

길 도서관에 책을 반납하고 세상으로 부족하게 돌아온 길목, 관절이 푸릇한 달맞이꽃이 달빛을 노릇노릇 읽고 있다.

남향이라는 이름

올겨울에 가장 추운 날이란다. 창문을 닫아걸고 별의 걸음걸이를 본다.

오래전, 작업실 창틀에 아이비 화분 둘과 선인장을 하나 세내줬다. 한동안 얼마나 사랑을 쏟았는지 모른다. 갈증 나지 않게 때맞춰 목을 축여주고 먼지 낀 잎을 자주 세수하였다. 선인장은 아이비와 달리 잦은 손길과 눈길을 주지 않아도 스스로 키를 키우고 잔가시를 늘렸다. 새끼를 치는 모성애까지 보였다.

살다 보면, 한마디 말이라도 실어 보낼 강 같은 사람이 곁에 없는 날이 많다. 작업실로 쓰는 공간엔 몇 해나 되었는지 모를 고독 나무 한 주가 자란다. 이 나무 그늘 아래서 책을 보거나 글을 주로 쓴다. 시장이 시장통을 들르지 않고 지름길로 오면 삶은 달걀에 사과를 반달로 잘라 곁들어 먹는다. 잠이 깨 털 듯이 쏟아지면 다섯 살에 깨우친 천자문의 큰 大 자를 꺼내 깔고 눕기도 한다.

고독 나무 그늘을 조금이라도 벗어나려고 화분을 마련했다. 바깥에 나갈 때는 이들에게 잘 다녀오겠노라며 인사하고 돌아오면 이들의 안부를 건너뛰지 않고 물었다. 온몸이 눈과 귀인 이들은 나를 늘 지그시 바라보고 내 말에 귀를 기울였다. 우리가 서로 묻는 말은 콩나물시루에 자라는 콩나물 같고 대답한 말은 섬진강 모래알처럼 헤아릴 수 없었다.

마음이 오래 가면 얼마나 좋을까. 마음은 장작불과 같다. 활활 탄 불은 밑불로 남고 젖은 장작은 나중에 늦은 사랑같이 타고. 다 타고나면, 망각의 재로 남고 마는. 이들보다 책의 속살을 맡고 글의 둘레를 넓히는 일에 깊이 빠졌다. 아이비는 몸살감기를 앓으며 삭신이 팔팔 끓는 모습으로 야위어갔다. 마음을 주지 않으니 할 말이 줄다가 없어졌고 그들의 언어는 잘 들리지 않았다. 애당초 가시를 여럿 달고 예부터 거기까지의 거리를 벌판처럼 여긴 선인장. 누구에게나 가시가 문제지만, 선인장은 척박한 고향을 떠났어도 제 이름값을 가시로 지킨다.

어느 날, 선인장에 물을 모처럼 줬다. 나무는 나이테를 속으로 새기지만, 선인장은 밖으로 드러낸다. 성장한 신체 부위는 색깔이 더 푸르스름하다. 물 한 모금 마시지 못한 갈증을 절박함으로 받아들여 성장하는 패기가 빗밑의 속력으로 환하다. 여태 선인장의 가시만을 보았다니. 한 생명의 생을 얼룩으로만 바라본 시선의 모퉁이가 견고하게 창창했다니. 위의 허기만이 배고픔이 아니다. 어떤 대상의 본질을 들여다보지 않고 겉만 보면 내면이 굶주린 게다. 가시를 지우고 바라본 선인장이 열두 찬을 올린 밥상을 받은 것처럼 푸지다.

죄스러운 마음으로 마른 아이비 화분을 베란다에 내놓았다. 아이비는 전생부터 죽음을 눈치챈 표정으로 조그만 플라스틱 화분을 무덤으로 여기고 숙연하기까지 했다. 작업실에서 양말이나 속옷 따위를 손빨래한다. 남향에 있는 빨래 건조대는 햇볕이 가까울수록 흠집이 있는 빨래를 기우며 말린다. 우듬지에 멧새가 다녀간 흔적을 한 조각 남기지 않듯이.

어느 한날, 오징어처럼 마른빨래를 걷다가 지상에서 가장 짧고도 높은 감탄사를 쏟았다. 바싹 마른 아이비 화분에 괭이밥이 별꽃으로 피어 있는 게 아닌가. 무릎을 다소곳이 모으고 작은 몸을 곱송그리되, 주눅 들지 않고 당당하게. 길괭이가 이따금 짝짓기하느라 아기 울음을 쑥쑥 꺼냈던 밤이 여러 날 있긴 했으나, 저 꽃의 근원은 어디일까. 꽃은 아이비의 혼령이 생선 비린내를 맡은 고양이의 발걸음으로 온 게 아닐까.

이날 이후, 베란다 문을 여닫는 횟수가 늘었다. 마음의 장작불이 다시 붙으면서 마음이 봄 흙처럼 비옥해졌다. 활자만 여기저기 나뒹구는 작업실에 눈동무와 말동무가 생기니, 잠든 언어가 기지개를 켜고 일어났다. 잊힌 사랑이 찾아온 게다. 박현진 시인이 노래한 시, 「사랑」 가운데 일부다. "풀여치 한 마리 길을 가는데/ 내 옷에 앉아 함께 간다/ 어디서 날아왔는지 언제 왔는지/ 갑자기 그 파란 날개 숨결을 느끼면서/ 나는/ 모든 살아있음의 제자리를 생각했다"

길을 걸어본 사람은 안다. 길에 오르면 모든 게 동행자라는 걸. 한 일

(一) 자만 줄곧 곳는 지렁이는 너무 서두르지 말고 발을 옮기라고 한다. 풀숲 밖에 몸을 내밀고 핀 개불알꽃은 낡은 비유로 글을 쓰지 말라고 한다. 물수제비를 뜨며 날아오르는 물새는 물무늬의 둘레로 마음의 평수를 넓히라고 속삭인다. 버드나무의 문간을 흔들흔들 지나는 바람은 세상천지에 영원한 자리가 없다며 입술을 지그시 깨문다.

시인이 노래한 것처럼 살아있는 생명은 저마다 제자리가 있다. 이 자리를 지키며 사는 게 무너지지 않는 중심 잡기다. 꽃이 아름다운 건 피어야 할 자리에서 피기 때문이다. 생명은 상식과 보편의 경계를 뛰어넘는 초월적인 존재다. 아이비가 살다가 죽은 한 움큼쯤인 화분에 집을 짓고 사는 괭이밥의 쪽수를 넘긴다. 길에 함께 오른 양말이 빨랫줄에서 몸무게를 줄이고 괭이밥은 마모되지 않는 꽃망울을 등같이 켠다.

별의 척추가 남향에 꼿꼿하다.

2025. 1. 2.

나무 꽃

눈 쌓인 전나무 숲길이 남아도는 밥처럼 마음을 여유롭게 한다. 내소사. 단청이 세월에 풍화되어 맨몸으로 서 있는 대웅보전 앞에 이르렀다. 이곳의 부처는 단청마저도 부질없는 욕심이라고 여긴 것일까.

세 해 전, 아버지께서 정원 한쪽에 있는 열 살쯤 먹은 백목련을 톱으로 넘어뜨렸다. 꽃이 피어 있는 세월은 대부분 열흘 이상을 넘기지 못한다. 백목련은 탯줄을 자르자마자 꽃샘바람의 시샘을 견디지 못하고 지기 시작한다. 바람맞은 꽃잎은 하얗던 것이 볼썽사납게 새까맣게 변색한다. 꽃은 지면서도 향기롭다고 하지만, 백목련의 낙화 꼴은 정나미 떨어진 연인같이 꼴불견이다. 꽃은 존재하는 것만으로 꽃이라고 하건만, 쉬 변심하는 사람이 지천인 세상에 관한 못마땅함이랄까.

밑동만 반 뼘쯤 두고 자른 목련 나무가 이듬해 네 가닥의 줄기를 뽑아 올렸다. 썩어문드러진 몸덩이를 자양분 삼아 한 녀석도 뒤처지지 않고 자랐다. 자신이 죽은 자리에 새 생명을 만드는 나무의 생명력은 종족을 보존하려는 본능의 충실함일까. 아버지께서 목련 나무를 자른 속사정은 목련이 널찍하게 차지한 자리에 국화를 대신 심으려는 것이다. 네 줄기의 목련 자손은 이번에도 절단 의식을 치르며 명을 짧게 정리했다. 아버지의 계획대로 목련이 있던 자리에 지난가을, 국화가 묵방산 나비와 이장네 꿀벌을 불러모았다. 된서리를 몇 번 얻어맞자 국화도 절개의 예의를 잊고 끝내 변색했다.

간간한 볕에 대웅보전의 문살이 눈썹을 올리며 눈을 뜬다. 문짝이 꽃받침이라면 문살은 마디마디 피는 꽃잎이랄까. 톱에 쓰러져 목숨을 다했던 목련과 된서리에 명을 접은 국화가 문살마다 꽃으로 피어 있다. 한겨울 눈 덮인 산사의 대웅전 문이 봄날로 환하다. 저 많은 꽃을 피우려고 능가산의 소쩍새는 밤마다 아홉 말 석 되의 피를 토하며 울었을까. 목련은 새끼까지 잃은 참척지통의 한을 달랠 길 없어, 삭발한 채 이 산사 문살에 가부좌를 틀었을까.

그리운 것은 멀리서 봐야 한다고 하지만, 문살마다 가지런히 핀 연꽃잎에 눈을 가까이 댄다. 누가 감동의 순간이 짧다고 했던가. 꽃잎을 피워낸 목공의 나무망치 소리가 동종의 맥놀이로 울린 듯하다. 끌이 오갈 때마다 핏줄처럼 선 잎맥을 부안 앞바다의 소금을 잔뜩 품은 바람이 염장한다. 스님의 목탁이 끄는 염불에 법문이 향로의 향으로 피어오르니, 연꽃의 자태가 자비롭다. 나무의 성장은 여느 생명체와 마찬가지로 물을 벗어나지 못한다.

문살마다 핀 꽃잎에서 물소리가 들린다. 물이 풍성한 시절이나 가문 때, 쉼 없이 잎의 바가지로 퍼 올렸을 물로 꽃마다 촉촉하다. 꽃이 피었다는 것은 깨어있다는 것이다. 물이 멈추지 않고 흐르는 것 역시 잠들지 않은 것이다. 깨어있고 멈추지 않은 생명체가 새로운 생명체를 잉태하고 출산한다. 대웅보전 문살은 일정하게 만든 틈으로 관계를 맺는다. 틈이 없으면 물이 스며들지 못하고 깨어있을 겨를이 없다. 문살과 꽃잎은 틈이 만든 미학의 산봉우리다.

이 틈으로 사계가 오간다. 달이 뜨다 문살에 끼어 날이 새는 바람에 낮달로 남는다. 별이 지다 꽃잎에 빠져 꽃잎이 맑아진다. 바람이 왔다가 미끄러져 엉덩이 방아를 찧는다. 변의를 느낀 산새가 꽃눈에 놀라 바지춤을 서둘러 올리고 산 너머로 난다. 그물 집 한 채를 얹혀 끼니 좀 때우려던 거미가 스님의 목탁 소리에 부은 간만 주워 도망친다. 반딧불이가 등을 말고 잠을 자다가 낙뢰 소리를 고래 발소리로 알고 부리나케 달아난다. 문살의 꽃향기에 이끌려 눈밭을 멀리서 굴러온 나는 짐을 벗지 못한 바위일까.

틈은 적수공권(赤手空拳), 맨손과 맨주먹처럼 가진 것이 없는 상태다. 마음을 내려놓고 비울 때 틈이 살아난다. 살면서 욕망에 들키지 않고 지나친 때가 과연 몇 날쯤이나 될까. 문살 틈에 피어 있는 꽃은 눈부시게 공평하다. 꽃차례는 물론이거니와 꽃이 차지하는 자리도 똑같다. 양성우 시인은 「새우잠」이란 시에서 "적수공권일 때는 모래바람 진흙 길도/ 두렵지 않다/ 어둔 수렁 속에서는 아무 곳에서나/ 구부려 자는 새우잠도 너무 달다"라고 했다. 쓸데없이 부리는 욕망을 버리고 마음에 틈을 만들면, 달콤하게 든 새우잠일망정 꽃잎이 되지 않으랴.

꽃은 어울려 피어야 꽃답다. 어울려 피면서도 개화의 율법은 자연의 경전을 따른다. 꽃은 아무 데나 몸을 풀지 않고 제자리에서 핀다. 제자리의 처신법 역시 자연의 경전을 벗어나지 않는다. 꽃은 피되, 누군가의 주어로, 누군가의 목적어로, 누군가의 서술어로 문장의 뼈대를 이룬다. 정원에서 사라진 꽃이 이곳으로 출가하여 대웅보전 문살에 꽃으로 피어 있는 것을 다시 본다. 꽃을 눈으로 혼자 보면 독락에 가깝고, 마음으로 여럿이 보면 여락에 가깝지 않을까. 이 땅에 영원히 내 것인 게 없듯이, 문살의 꽃 한 송이 꺾지 못하고 산문을 나선다.

모차르트의 '레퀴엠' 같은 먹구름이 걷히며 햇볕이 꽃잎으로 벙근다.

2025. 1. 26.

길

길은 강이다. 길 위에 선 사람은 이리하여 다시없이 물. 물은 강줄기를 외도하지 않고 청정하게 흐른다. 그림자를 끼고 흐르는 사람이 있고, 애지중지하는 반려견과 함께 흐르는 이도 있다. 달리듯이 흐르는 사람이 있는가 하면, 발걸음을 일일이 셈하며 흐르는 이도 있다. 이 틈에 나도 물방울을 하나 융숭하게 보탠다.

길의 강에는 변두리가 없다. 길에 있는 것은 비단가리 없이 중심이다. 어느 곳에서든지 자신을 가장 절실하게 만날 수 있고, 우주와 자연의 목차를 한눈에 들여다볼 수 있다. 작은 돌멩이의 심장은 보행자의 발끝에 차여도 식을 줄 모른다. 언덕은 옆구리마다 꽃의 웃음을 매달고 있다. 비가 올 것이라는 예보보다 훨씬 앞서 개미는 예각으로 뗏목 대형을 만들며 이마에 땀방울을 맺힌다. 지렁이는 귀소의 본능을 잠시 잃고 한 일

字를 반복체로 일필휘지 한다.

어느 시인이 그랬던가. 길에 개미가 지나가는 것은 우리에게 이 땅이 우리만의 것이 아니란 걸 얘기하는 거라고. 인적 뜸한 곳 풀숲에서 눈을 마주친 뱀이 부리나케 달아난다. 뱀은 풀밭이나 흙에 구멍이나 파고 살아야 한다는 것은 우리가 만든 지독한 편견이다. 길도 우주나 자연 가운데 일부이러니. 사람만 다녀야 한다는 이기의 허방에 얼마나 깊이 빠져 있었던가. 하나님은 우주를 사람을 중심으로 창조하지 않으셨건만.

보행은 남보다 앞서가려는 경주가 아니다. 누군가를 경쟁상대로 여기는 순간, 선의가 흔들리기 마련. 누군가 시켜서 억지로 하면 자유가 놀놀해진다. 어쩔 수 없이 하는 것은 어느 것이든 즐거움의 담 너머에 있다. 길에서 즐겁게 흐르지 않으면 맞지 않는 옷을 입은 몸으로 거추장스럽다. 숨결같이 몸에 익숙하게 박혀야 사지나 오장육부로 체화되어 일상의 삶이 된다.

길에 서면 감히 지혜로워진다. 사소한 풀꽃 눈빛을 눈여겨보고, 새가 즐겨 부르는 후렴구를 귀여겨들을 수 있다. 길에서 발견한 진리는 도서관에서도 대출할 수 없다. 길에서 깨우치는 것은 암기하면서 얻는 게 아니라, 흘러가면서 흐름을 이해하는 것이다. 어느 것이든 통시적인 흐름을 깨달아야 본질의 상류에 이를 수 있다.

길 밖에서는 사전 속에 똬리를 틀며 사는 어휘에 불과한 게 길에서는 삶의 매듭을 푸는 실마리가 된다. 한데 모여 있는 억새의 간들간들한 흔들림이 결속의 지혜가 되고, 풀잎 끝에 맺힌 빗방울이 우화로 피는 경이에 이른다. 눈길 아득한 곳에 핀 꽃은 꽃이라는 자존을 잠시도 내려놓지 않고, 오도카니 한 자세이다. 길은 땅에만 존재하지 않는다. 새는 허공에 낸 길을 물같이 흐르고, 물고기는 물길에 낸 길을 이름같이 흐른다.

길에서 흐르다 보면, 탐욕의 무게를 덜어낼 수 있다. 빈궁을, 결핍을, 아픔을, 꿈꾸는 이가 있으랴. 꿈꾸는 것마다 가지려는 자세는 탐욕이다. 우리가 꿈꾸는 것 가운데 다른 사람을 따돌려야 이룰 수 있는 게 여럿 있다. 심지어 상대를 깔아뭉개고 급소를 찔러야 내 것이 된 게 한둘 아니다. 살다 보면, 죽이고 싶도록 원망인 사람이 있다. 길에서 물같이 흐르다 보면, 이런 칼날 같은 생각의 모서리가 삼가 닳아진다. 분노의 가파른 각이 완만해지며 쓸모없이 애쓴 무기력에 대해 허망함을 부디 느낀다.

길에서 예고 없이 찾아오는 게 소나기뿐이랴. 근원을 알 수 없는 외로움이 우리 마음의 문을 자주 여닫고 들락거린다. 외로움을 오래 눌러앉히면 우울이 겉옷을 껴입는다. 길에 오르면 두껍게 입은 우울의 옷을 시나브로 벗는 힘이 생긴다. 외형적으로 길은 정체된 것 같지만, 부단히 움직이는 생명체이다. 세상에 존재하는 것은 어느 것이든 존재하는 것만으로 아름답다. 어느 생명체든 우울의 늪에 빠져 허우적거리며 살지 않을 권리가 있다.

길에서 보는 것은 근경이든 원경이든 깡그리 풍경이다. 어느 것 하나 미욱한 게 있으랴. 풍경을 마음의 눈으로 보면 그림이 된다. 풍경을 마음의 귀로 들으면 음악이 된다. 풍경을 마음의 언어로 빚으면 끝내 시가 된다. 유홍준은 "문화의 미와 예술의 미는 훈련을 통해 성장하고, 많이 훈련한 사람이 훨씬 더 재미있게 즐길 수 있다."라고 했다. 길에서 물같이 흐르다 보면, 아무도 가르쳐주지 않는 자연의 미를 감상하는 눈길이 트인다.

풍경에 신성의 의미를 부여하면 종교가 된다. 풍경에 상상력을 불어넣으면 예술이 된다. 나를 중심에 두면 풍경은 근경에 머물지만, 너나 우리를 염두에 두면 풍경은 그리움의 원경이 된다. 우리의 눈빛이 자비로울 때 보잘것없다고 여긴 자연이나 생명체가 사랑해야 할 대상으로 다가온다. 목적어를 빠트리고 서술어로 흐르는 바람의 입술에 입맞춤할 수 있다. 신발을 한 짝 잃고 사람이 사는 마을로 내려오는 산그림자를 끌어안을 수 있다.

길에서 물같이 흐르다 보면, 마음속에 있는 장막이 걷힌다. 마음의 커튼이 걷히며 풍경마다 절경의 옷으로 갈아입는다. 공연스레 따따부따했고 가타부타했던 것에 대해 낯이 저절로 붉어진다.

세상에 없던 노을이 서쪽 하늘에 물구나무로 사붉게 서 있다.

2022. 08. 01.

강을 읽다

눈이 올 듯 말 듯, 흐린 하늘이 하고 싶은 말은 무엇일까?

톡. 대학 다닐 때 눈빛만 봐도 마음이 통하는 사람 넷이 동서남북이란 이름으로 여태 만나고 있다. 한 친구가 1박 2일 일정으로 한탄강 일대로 바람이나 쐬러 가자고 한다. 세 친구는 이름만 대도 금방 알만한 직장에서 일하다 은퇴했다. 종강하고 나서 발바닥이 근질근질했던 참이라, 가장 먼저 "좋은 생각"이란 말로 댓글 창을 열었다.

살다 보면 이름 때문에 누명을 뒤집어쓰는 게 사람뿐만이 아니다. 강도 마찬가지다. '한탄강'이란 이름 속엔 탄식과 한숨이 배어 있다. '恨歎'일 거라는 굳어진 생각과 달리 '漢灘'이란 이름을 붙이고 산다. 크고 넓고 높다는 '漢'에 여울 '灘'을 곁에 뒀으니, 크고 넓은 여울이라 하면 이름에 걸맞을성싶다. 첫머리인 북한 땅 평강군 장암산에서 발을 뗀 물줄기가 남쪽의 철원과 포천, 연천을 안고 지난다.

드디어 들어선 한탄강 주상절리길. 고생대부터 신생대에 이르는 아득한 시절에 태어난 돌 층층과 무릎 아픈 하천이 주저앉으면서 생긴 주상절리와 협곡이 절경이다. 주상절리와 협곡은 한탄강의 명품이자 명물. 인생도 화산분출과 같은 폭발적인 힘으로 뒤집혀, 안은 겉이 되고 겉은 안이 되어야 새롭게 태어난다. 협곡은 한탄강 도서관의 서고이고 주상절리는 서고에 꽂혀 있는 책이다.

깊고 넓게 흐르는 한탄강은 도서관에 들어선 것처럼 시간을 지운다. 한탄강 도서관 책장의 책은 직립으로 꽂혀 있다. 가로 읽기 자세를 거부하고 세로로 포개져 있다. 독서는 한마디로 책의 지류로 강같이 흘러가는 게다. 활자로 딱딱하게 굳어지기 전까지 저들은 물, 결대로 흘러 물결이었을 게다. 외도하지 않고 오로지 강줄기 한길만 받들며. 발품 팔 마음을 오지게 먹고 오지에 있는 물의 도서관을 찾은 마음을 딱히 설명할 길이 없다. 길이 없다는 게 절박한 희망일 때가 있다.

시린 손을 잡은 게 없고 등에 업은 것 없이 몸 하나로 왔지만, 오랫동안 무겁게 얹혀 있던 걸 단숨에 내려놓은 것 같다. 겨울, 지붕을 오래오래 떠받치며 울음을 터트릴 표정에서 'ㄹ'을 빼내자, 겨울이 겨우 물의 흐름으로 가벼워진다. 가벼워지다가 마침내 온기가 된다. 가벼움과 온기는 낯섦의 살구를 그립게 익히는 힘. 이 힘으로 한탄강에 와서 한탄강을 보고 싶어 한다. 사람과 너무 가깝게 지내다 보면 오히려 낯설 때가 있다. 사람뿐이랴.

안홍렬 시인은 금강을 즐겨 노래했다. "금강 근처에 살 때는 강이 낯설어서/ 강가에 서기가 두려웠다/ 강가에 가면 강의 깊이와 만날 수 있을까/ 강을 찾아가다가/ 중도에서 포기하기가 여러 번 있었다/ (중략) / 이제 강을 찾아가도 될 때라면/ 한 번 용기를 내야겠다/ 두려움은 피할수록 커지는 것" (「금강」 일부) 우리는 늘 삶의 근린에 살면서 삶이 생소할 때가 수북하다. 삶의 풍경을 보지 못하거나, 삶의 깊이를 헤아리지 못하므로. 독하게 마음먹고 시작한 일 가운데 도중에 그만두지 않고 끝장 본 게 몇이나 되랴. 넘어진 게 실패가 아닌데도. 실수한 게 죄가 아닌데도. 시간을 탓하고 주변을 용기 내지 못한 핑계로 삼은 게 한둘일까. 한탄강에 이제야 온 까닭을 더듬거리는 말투로 만지작거린다.

살다 보면 사는 게 별것 아니다. 권혁진 시인의 「항문의 끝」이란 시 가운데 한 토막이다. "참을 수 없이 항문 끝에서 나의 한 생은 끝이 납니다. 덜썩" 우리 육체의 마지막이 항문이듯이, 삶도 똥이나 오줌으로 끝난다. 푹. 쉬. 삶이 고달픈 건 강물처럼 흐르며 살고 싶다는 걸 생각의 말뚝에만 박아둔 게다. 지느러미를 강물 따라 펴지 못하고 뜬소문으로만 묶여 있는 게다. 결국, 강이 되지 못한 것. 강처럼 줄기를 따라 흐르고, 강처럼 하늘을 품고, 강같이 깊고, 강처럼 마르지 않고, 강처럼 바다를 꿈꾸고. 결국, 강물이 되지 못한 것. 강물같이 가볍고, 강물같이 주변의 모든 걸 쓰다듬고, 강물같이 맑고, 강물같이 못난 놈 잘난 놈 없이 공평하고.

강물은 사람보다 앞서가며 풍경이 되고 사람은 강물보다 더디 가며 눈동자가 된다. 강의 옷자락이 푸르게 날리고 강의 심장이 맑게 뛴다.

풍경을 풍경으로 보지 못하면 도다리다. 도다리는 두 눈이 오른쪽으로 치우쳐 왼쪽 세상을 넓게 볼 수 없다. 주상절리길이 마침표를 찍는 데 이르자, 몸에서 추위와 온기의 경계가 문드러진다. 강의 독서. 강을 읽는다는 건 그의 물빛으로 젖어 맑아지는 거다. 그의 보행을 따라 낮아지는 거다. 빠름과 느림, 느림과 빠름의 박자에 맞춰 노래하는 거다.

두고 왔지만, 온몸의 혈관을 따라 흐르는 강의 언어. 기억의 비탈에서 강을 꺼내 내 안의 오래된 얼룩을 씻는다.

강물은 모두 바다에 닿을까.

2024. 12. 26.

커피를 카피하다

점심으로 슈베르트의 송어를 융숭하게 들었다. 이어서 들른 낯선 카페 벽에 걸린 반 고흐의 '별이 빛나는 밤'과 '밤의 테라스'가 근경으로 자리한다. 고흐는 이런 그림을 그릴 때, 커피를 마시지 않았을까. 날마다 거의 커피로 마음을 적신다. 커피를 떼어낸 일상은 영혼 없는 몸과 같다. 지난주부터 바리스타 교육을 받는다. 수강생 열여섯 사람 가운데 나만 빼고 모두 창업을 맘에 두고 있다.

첫날은 에스프레소를 만드는 기본 과정에 관해 실습했다. 커피 맛을 제대로 내려면, 물의 온도와 압력, 내리는 시간이 적정해야 한다. 농도가 진하든 옅든 들어가는 원두량은 같다는 것을 처음 알았다. 아는 만큼 보인다는 진리를 커피에도 고스란히 덧댈 수 있다. 주위에서 바리스타 교육을 받는 속뜻에 관해 공자처럼 진지하게 묻곤 한다.

여태 가르치는 자리에서 주로 살았다. 은퇴하고 나자 여유가 먼 곳의 벗처럼 찾아왔다. 가르치는 자리가 곧 배우는 자리이기도 하지만, 무엇이든 배우고 싶었다. 머리 쓰는 일 대신 몸 쓰는 것에 집중하려 했다. 때맞춰 군청에서 바리스타 교육 과정을 마련했다. 수강료를 면제받고 재료비만 내는 대접까지 공손하게 받았다. 교육을 마치거나 자격증을 따서 딱히 무엇을 해야겠다는 계획은 없다. 다만 커피에 관해 제대로 알고 즐기려는 마음의 맏생각 뿐.

도서관이나 작업실에서 책을 보는 시간보다 카페에서 책을 만나는 시간이 많다. 책을 즐겨 보는 단골 카페가 있다. 카페 주인은 화가로 다달이 여러 작가가 전시한 그림으로 카페의 얼굴을 바꾼다. 쓰는 말이 그 사람 삶의 얼굴이듯 카페 이름에서 물감 냄새가 물씬 풍긴다. 책과 얘기를 나누다 보면 음악뿐만 아니라, 주변에서 주고받는 말소리가 전혀 들리지 않는다. 책의 우물에 온전히 빠져 활자의 두레박을 길어 올린다. 카페의 내력은 글을 쓰는 작가와 역사를 함께 한다. 오래전부터 많은 작가가 커피를 마시면서 생각을 짜고 다듬었다.

카페 통창으로 3월 끄트머리의 눈이 내린다. 연인일 성싶은 젊은 짝들이 눈을 바라보며 눈으로 눈사람을 만든다. 눈사람 한 번 만들지 않고 자란 사람에게 겨울의 온기 서린 추억이 살아 있을까. 하고 싶은 말을 가슴에 말아 넣은 채, 속에 혼잣불을 지피는 게 첫사랑에 빠진 누이뿐이랴. 겨우내 이엉 얹은 지붕을 솜이불처럼 덮었던 눈도 할 말이 있었던 게다. 봄이 오는 대문짝에 이르러 마지막까지 아꼈던 말을 와르르 쏟아 내고야 만 게다.

그래 앙금으로 가라앉아 깜밥처럼 눌어붙은 말, 무쇠솥이 종소리로 울리며 날 듯 주걱으로 퍼야 또 쌓이리. 요렇게 한 번쯤은 세상천지를 반짝 환하게 풀어내야만, 봄이 건성으로 오지 않으리. 다 된 밥과 같은 봄이 눈발에 뜸 들이며 익는다. 글쓰기의 권태기를 맞거나 글의 통로가 막히면 카페로 찾아오는 제자가 더러 있다. 오늘 한 제자가 답답하게 막힌 글의 벽을 뚫으려고 들렀다. 머나먼 길을 댓바람으로.

황상이 정약용을 찾아 배운 가르침을 필사하여 말해준다. 어찌하면 뭉툭한 것을 뚫을 수 있는지, 어찌하면 막힌 것을 트이게 하는지, 어찌하면 거친 것을 연마할 수 있는지라는 질문에 답은 한결같이 부지런 하라는 것이다. 우리는 일상의 중력에서 쉬이 벗어나지 못한다. 글 쓰는 습관을 길들이지 않으면 일상의 중력에 지배당하기 마련이다. 글쓰기는 사유의 세계를 누림으로써, 자신이 맞닥뜨린 부정의 상황을 승화하는 힘을 준다.

글쓰기에 관한 포부가 곧잘 작심삼일로 끝날 수 있다. 작심삼일을 끼니 챙기듯이 하다 보면, 사흘의 징검돌을 놓으며 습관의 징검다리가 되지 않을까. 나태와의 친숙함, 자주 무너뜨리는 자기 다짐, 벗어나지 못한 채 얽매인 타성을 끊어야 글쓰기의 성장판을 만든다. 그릇된 습관의 중력을 허물지 않으면 일상이 허물어지고 자신은 허물에 깔린다. 하루에 시 한 편씩 읽고 세 줄의 글쓰기를 시작하라는 말에 제자의 입꽃이 화사하게 핀다.

제자를 보내고 서둘러 참여한 바리스타 두 번째 수업. 오늘은 크림 에스프레소, 콘파냐, 카페피에노, 레몬 에스프레소, 로마노 만드는 법을 실습했다. 커피는 차같이 코로 먼저 마셔야 한다. 커피 향기는 사람으로 치면 인품과 같다. 좋은 원두를 써서 잘 내린 커피는 향이 두근거리게 사무친다. 다음에는 혀를 서너 차례 적시며 초면의 맛과 낯섦을 없앤다. 맛이 혀에서 양지쪽의 눈사람처럼 주저앉고 나면, 한 모금씩 목젖으로 흘려보낸다.

수업을 마치고 나오는데 몸이 온통 커피 향기로 무성하다. 추사 김정희는 문자향과 서권기를 중요하게 여겼다. 문자향은 글씨에서 나오는 향기다. 서권기(書卷氣)는 책을 많이 읽어 풍기는 교양의 향기를 일컫는다. 커피나 사람이나 향기를 품격 있고 고요하게 낭송해야 한다. 우리는 돈이나 권력보다 커피와 책 향기에 생기를 느끼며 위로받는다.

커피는 사람 사이를 묶는 끈이다. 누군가에게 커피를 마시자고 한 것은 시간과 마음을 내어달라는 것이다. 자신도 시간과 마음을 내겠다는 뜻이다. 어떤 말을 들을 생각조차 없는 사람은 커피를 마실 자격이 없다. 자기 이야기만 하고 다른 사람 말을 막는 사람도 마찬가지다. 홀로 커피를 마시며 자신의 목소리를 귀여겨듣지 못하는 사람도 물론. 커피를 마실 때 기쁘고 즐거우면 컵 속의 커피는 컵喜가 된다. 이렇지 않으면 컵噫가 된다. 요즘 문학회 모임을 단골 카페에서 커피를 마시면서 한다.

우리가 마시는 커피는 컵喜일까, 컵噫일까.

2025. 3. 20.

컵

붓이 맘대로 잡히지 않거나 문장이 글 길을 헤매면 카페를 즐겨 찾는다.

사람이 북적이고 시끄러운 데서 무슨 글 꼬리를 잡겠느냐고 핀잔을 소낙비같이 주는 이를 간간이 마주하기도 한다. 글감은 뜻밖에 도서관이나 작업실보다 사람 속에 섞여 있거나 평범한 일상에서 홍시같이 떨어진다.

두 시간 남짓 걸어서 다다른 카페, 문턱이 닳도록 다닌 이력으로 주인은 어떤 커피를 마시는지 잘 안다. 몇 잔이냐고 굳이 묻지 않는다. 혼자서 자주 찾는 단골에 대한 배려라고 할까. 천변 풍경이 한눈에 들어오는 창 쪽에 자리 잡았다. 읽다가 까치밥같이 둔 책을 꺼내 끝을 봤다. 하얀 컵에 담긴 아메리카노. 다른 때는 눈길을 별로 주지 않았던 컵이 시선을 사로잡았다.

커피를 누가 컵희라고 했던가. 커피는 맛 자체도 중요하지만, 어느 컵에다 마시느냐에 따라 분위기가 달라진다. 똑같은 글감을 어느 장르의 그릇에다 담느냐에 따라, 시가 되고 소설이 되고 수필이 되듯이. '컵희'는 '커피'와 발음이 이웃사촌이다. '컵희'는 여러 뜻으로 풀이하여 쓸 수 있다. '컵喜'라고 하면 커피를 마시면 기쁘다는 말쯤 된다. 커피를 마시면 슬퍼지거나 우울해지는 사람이 있을까. 커피는 대부분 마음이 통한 사람이 만나 기쁘게 마신다. 아니면 혼자서 마음의 여유를 누리며 기쁘게 커피를 곁에 둔다.

'컵呬'는 쉼을 나타낸다. 커피는 쉼의 다른 말이다. 우리는 시간의 사냥개에 쫓기며 분주히 살아간다. 삶이 바쁘다는 이유로 누군가와 만나 커피 한잔 마실 시간을 마련하지 못할 지경이다. 여유가 쉼을 낳고 쉼이 여유를 잉태한다. 우리의 마음이 여유 있어야 주위를 눈여겨볼 수 있다. 누군가에게 억만금이 위로일 수 있지만, 어느 누군가는 따스한 말 몇 마디가 절실할지 모른다.

'컵嬉'는 커피를 즐겨 마시는 뜻 근린쯤 된다. 하루에 보통 커피를 세 잔정도 마신다. 아침을 먹고 난 뒤 한 잔, 점심 뒤에 한 잔, 늦은 오후에 한 잔. 어떤 이는 커피를 마시면 잠을 자지 못한다거나 속이 쓰리다고 하건만. 감사하게도 이런 불편한 증상을 아직 겪지 않고 커피를 즐기며 지낸다. 커피 한 모금을 목으로 넘긴다. 커피 향이 콧문을 아스라이 두드리고 목젖을 수줍게 건드린다. 몸속에 있던 피곤의 찌꺼기가 시나브로 지워지면서.

살다 보면, 마음이 맞는 사람하고만 커피를 마실 수 있으랴. '컵希'는 커피를 마시면서 상대에게 무엇인가를 바란다는 뜻의 측근 정도이다. 사람을 만나는 목적은 삶의 무늬만큼 여러 빛깔을 띤다. 얽히고설킨 문제를 풀기 바라며 누군가와 '컵希'를 마시거나 필요한 것을 부탁하려고 '컵希'를 먹기도 한다. 세상살이는 꽉 묶은 보자기 매듭같이 잘 풀 수 없는 게 한둘 아니다. 저마다의 살림과 형편이 뭇 사람이 한 부탁을 다시없이 들어줄 수 없다.

글 꼬리라도 붙잡을 맘으로 카페에 들렀지만, 홀로 마시는 커피는 곳에 따라 내리는 비와 같을 때가 있다. 글 숨구멍이 숫제 막혀 하릴없이 잡아먹는 시간이 길어지면 뚱딴지같은 생각이 자란다. 이내 한여름 땡볕에 그림자도 없이 서 있는 말뚝같이 추워지면서. 커피가 불쑥 '컵姬'로 읽힌다. 공지영 작가가 그랬던가. 고통과 고독, 독서가 자신이 글을 쓰는 토양이었노라고. 혼자라서 아팠고 아파서 고독했고 고독해서 책을 읽었다고.

이해인 수녀님이 쓴 시 「어느 날의 커피」 가운데 일부이다. "주위에 항상/ 친구들이 있다고 생각했는데/ 이런 날, 이런 마음을/ 들어줄 사람을 생각하니/ (중략) / 모두가 아니었다/ (중략) / 혼자 바람맞고 사는 세상/ (중략) / 마시는 뜨거운 한잔의 커피/ 아! 삶이란/ 때론 이렇게 외롭구나" 수도자도 때로는 자기 마음을 이해하고 이야기를 들어줄 친구를 그리워한다. 뜨거운 커피를 마시면서 외로움을 달래려고 하지만, 빙하와 같은 외로움을 녹여 줄 만한 커피가 있으랴.

건너편에 대학생인성싶은 남녀가 노트북을 앞에 두고 말을 주고받는다. 대화의 행간을 주워들으니, 개학하기 전에 여행이나 한 번 더 다녀오자는 얘기이다. 장소와 일정, 경비 따위에 대해 서로 생각이 버성긴 모양이다. 이들이 앉아있는 자리 서너 칸 건너, 머리가 서릿발인 어르신 한 분이 책을 읽고 계신다. 어르신 바로 뒷자리에는 중년쯤 된 여성 세 사람이 꽤 높은 목소리로 일상을 풀고 있다. 이들 앞에 있는 컵을 한눈에 끌어들였다.

한 공간, 같은 자리에 있는데도 컵은 왜 저마다 다를까. 카페에서 커피를 마시려는 뜻이 다르듯, 우리의 삶이나 생각을 담는 그릇도 저마다 다르다. 우리 삶의 그릇장에 똑같은 컵만 있다면, 우리 삶의 풍경이 얼마나 살풍경이랴.

한 모금쯤 커피가 남았다. 컵의 하얀 입술에 입을 맞춘다. 커피가 '컵姬'의 체온으로 달짝따스하다.

2023. 02. 19.

때

떠남은 만남의 첫 단추, 단추를 잠그거나 푸는 것도 그날 그 시가 있다. 이렇게 헤고 저렇게 엮다 잡은 날. '글방에서 꽃 품에 안기다'라는 주제문으로 이른 아침 여러 문우와 열차에 몸을 올린다. 이날 즈음이면 웅크린 날씨가 뭉친 근육을 풀리라. 한 사람이라도 더 함께 하리리라는 지당한 생각은 아직 틔지 않는 대추나무잎이었을까.

규린의 수필집 『슈만의 문장으로 오는 달밤』을 꺼내 활자의 강을 유영한다. 다섯 감각에 공감각을 담백하게 부리며 직관과 통찰의 시공간을 넘나드는 문장이 짜릿하다. 나의 글이면서도 내가 살지 않는 글집. 삶이면서 예술이고 과거이면서 지금인 시간의 무경계. 역사와 철학, 미학을 버무린 글밥에 취해 아직은 오기 싫은 봄 추위에 언 몸이 데운 녹두죽처럼 풀린다. 오늘 길을 나선 애초 뜻은 슈만의 문장을 부린 규린과 문우가 함께 달빛을 쐬려고 했다.

달빛은 다름 아닌 선암사 홍매화. 시간의 초점이 서로 맞지 않아 아쉽게 우리끼리다. 남도의 볕은 좀 온온할 것이라는 바람은 바람일 뿐, 조릿대의 배꼽을 드러낼 만큼 바람이 맵고 쓰다. 삶이 좀체 달지 않을 때 불같이 매운 걸 먹고 싶은 충동이 일 듯, 몸이 한기에 지쳐 웅숭그리면 따신 게 당긴다. 선암사 녹차 체험관에서 만난 꽃차. 겨우살이, 목련, 국화차를 내어주는 미소가 차보다 향기롭다. 봄답지 않은 냉기를 꽃차가 보듬는 모순 진리를 남도의 산사 들머리에서 몸으로 읽는다. 역설의 미학이 경전의 문장에만 호흡하고 있으랴.

길은 때로 돌아서 굽이 가야 마음을 곧게 가다듬는다. 뜻밖에 나타난 편백이 하나가 둘을 낳고 둘이 셋을 낳고 셋이 숲을 이룬다. 어떤 나무든 홀로 무성해질 수 없다. 함께 서 있되, 바짝 붙어있지 않는 사원의 기둥 같은 경건함과 이룸으로 서로 연루되어 있다. 이룬 것만으로도 크게 찬 우주. 크게 찬 것은 비어 있는 듯하나 쓰임이 다함이 없다고 했던가. 오르막길을 분주하게 오른 덕에 몸의 한기가 맑아지고 마음이 고요해진다. 맑고 고요한 때를 맞춰 대웅전을 지난다. 허공에 이르게 핀 연등마다 불자의 소원이 구구절절하게 빼곡하다.

무우전 앞의 달빛은 비단 자락을 환하게 내걸었을까. 사람이 세상을 잘 만나야 하듯 꽃도 시절을 잘 타고나야 한다. 달 밝은 밤, 물가의 빨래터에서 만나자고 약속한 사람은 그날 밤의 달이 봄이고 내일이고 시절이다. 홍매 나무에 달이 떴으되, 근심이 없는 無憂의 표정과는 딴 낯이다. 상사병을 앓은 누님과 같은 얼굴. 초등학교 3학년 때였던가. 사촌 누님이 불러준 대로 연애편지를 대신 썼다. 글을 배우지 못한 누님은 글씨를 쓰지 못했지만, 누님의 애절한 마음을 고아낸 문장은 가슴을 녹여내는 시였다. 누님의 연서를 대필하면서 사랑에 함께 빠졌다.

꽃을 보고도 달빛으로 흐르지 못하는 빛바램의 실망. 꽃의 생애뿐이랴. 피고 지는 연기는 그렇다손 쳐도, 꽃그늘 밑에서 모든 사람이 꽃잎으로 벙근다. 마치 삶의 결핍과 부재를 도려낸 자리에 꽃잎을 욱여넣기라도 하듯이. 산사에 핀 매화와 동백, 삼지닥나무 꽃이 젊은 탄성을 자아내며 옛적의 고요로 늙는다. 승선교 위에서 뉘는 학의 날개로 뉘는 꽃의 줄기로 아름하게 자세를 잡는다. 우리가 건너야 할 삶의 다리가 저토록 화사한 날만 있다면. 느른하지 않고 반짝거린다면. 우주의 한낮이 꼬리를 비로소 감춘다.

조계산 그늘을 벗어나 지리산 품으로 안긴다. 화엄사 홍매화는 곡진하게 몸을 풀었을까. 선암의 홍매와 어금버금하다면 삭정이 같은 사랑이 신산스럽게 떠오를 것 같아 하동으로 발길을 돌린다. 발길 옆으로 섬진강이 따른다. 사람이 알 수 없는 게 하늘뿐일까. 물도 잘 알 수 없다. 상선약수(上善若水), 최고의 선은 물과 같다고 하지 않던가. 물은 만물을 이롭고 하면서도 다투지 않고, 많은 사람이 싫어하는 곳에 머물면서도 곁길로 빠지지 않는다.

물새가 하늘로 솟아올라 구름에 섞이는 길목에 운조루가 있다. 내 것을 움켜쥐고만 있지 않고 풀어 나누는 마음, 이른바 타인능해(他人能解)의 쌀 뒤주가 잠언처럼 서 있다. 버리는 것이 곧 얻는 것이다. 소아를 버리면 대아를 얻고 사욕을 버리면 대의를 얻는다는 진리를 아무나 할 수 있는 일이랴. 소유하고서 그것을 채우기만 한 것은 채우지 않는 것만 못하다는 노자의 목소리가 나직하게 들린다.

운조루 사랑채에서 여러 손에게 녹차를 흔쾌히 내어주는 사람한테서 노자가 아른거린다. 물을 흘려보내듯 자연스럽게 잇는 우문현답의 문법과 자신을 한사코 뉘라고 드러내지 않는 감춤의 신비. 왠지 도인척하지 않으면서 도심을 가지고 있는 사람으로 발음된다. 길을 잘 가는 사람은 수레바퀴를 남기지 않는다고 그랬던가. 녹차를 여러 잔 우려내면서 그는 운조루를 지키는 할머니와의 관계뿐만 아니라, 성씨조차도 함구한다.

박경리의 토지 문학관. 창작의 밑불이 가물거릴 때 마실가듯 자주 들린 곳이다. 올 때마다 "난 특별히 문학을 내 인생과 갈라놓지 않습니다. 내 인생이 문학이고 지금 문학이 내 인생입니다."라는 고백을 마음 깊이 필사하며 잉걸불을 지핀다. 문학관 앞에 박경리 동상이 있다. 이곳에는 소설가를 초월하여 성인의 경지에 이른 마음을 새긴 문장이 발길을 묶는다. "버리고 갈 것만 남아서 참 홀가분하다." 이 말을 받아쓰기한다.

박경리 선생님을 뵐 때마다 문학의 뼈대에 힘이 가만히 붙는다. 호주머니가 비어 있을지라도 결핍이 뻔뻔하게 부끄럽지 않다. 오로지 글에 사로잡혀 뒤돌아보지 않을 힘이 솟는다. 마음이 가벼워지면서 살아있음에 관해 마음이 부유해짐에 관해 눈물이 그렁해진다.

만남은 떠남의 끝 단추, 평사리 들녘과 섬진강에 저녁노을이 스민다. 두고 와야 절실해지는 게 그리움이고 그리워야 다시 끌려서 온다.

어제 왔고 오늘 오고 내일도 다시 오고 싶은 평사리. 이곳에서 내 심장은 십만 번 하고도 열세 번 거칠게 뛴다. 저물녘이 이토록 환장하게 떨렸으니 이제 적막하게 돌아갈 때.

2025. 3. 30.

토지의 바다

우리의 어휘 고방은 얼마나 부유할까. 날마다 글 숲을 걸으며 한 줄이라도 글을 짓는 습성이 호흡같이 된 지 오래다. 방학하자마자 도서관에 들러 『토지』를 빌렸다. 이곳에 나오는 낯선 어휘를 낚을 요량으로. 처음 대하는 어휘는 빛나는 물고기인 魚輝이다.

고등학교 3학년 때 걸터듬었던 『토지』를 떠올린 건, 순전히 『어른의 어휘력』이란 책 덕분이다. 방학하면 해마다 여름이든 겨울이든 방학 집중 글쓰기 특강을 스무 해 넘게 해 왔다. 강의를 듣는 학생에게 어휘의 중요성에 관해 설명하고 이 책과 함께 『어른의 문장력』를 추천하려고 머리를 썼다.

고교 시절, 숫자를 보는 숫눈이 글눈보다 형편없었다. 수학 시간은 인생에서 외수없이 가장 고통스러웠다. 선생님 눈을 피해 좋아하는 시를 외우며 흉내 내 썼다. 어쭙잖게 소설까지. 문학의 길밖에 갈 길이 없다고 맘 가운데 못을 박았다. 세상눈으로 보면, 예나 지금이나 문학은 밥벌이와 거리가 멀어 사람을 허출하게 하는 데도.

예제에 『토지』에 나오는 어휘를 몇 군데서 정리해뒀다. 어휘는 문장의 흐름과 함께 맛봐야 새콤달콤하다. 어휘만 집어서 문장을 만들면 몸에 맞지 않은 옷을 껴입은 것 같다. 어휘는 저마다 역사·문화·생활·민속·지역의 향기를 낸다. 『토지』의 바다에서 가장 많이 낚은 어휘가 동사와 형용사이다. 예컨대, '야금바르다'는 빈틈이 없고 다부지게 일하는 것을 뜻한다. '자분자분하다'는 성격이 부드럽고 자상하다는 것을, '억실억실하다'는 생김새가 선이 굵고 시원스럽다는 것을 나타낸다.

이런 어휘 대부분은 사람의 개성이나 성품, 외양을 드러낸다. "길상이는 일을 다부지게 한다."라고 말하는 방식으로 했으면 글맛이 덜했을 것이다. "월선이는 부드럽고 자상했다."라고 했다면, 월선이의 빛나는 얼굴과 따스한 성품이 따로 놀았을 터. "목수 윤 씨는 얼굴이 크고 무섭게 생겼다."라고 했다면, 윤 씨는 독자의 기억에 무서운 사람으로만 살지 않았을까.

새롭게 찾은 어휘 가운데 눈 속에 오래 넣어두고 싶은 게 있다. '오종종하다'(작고 옹졸하다), '샐쭉하다'(감정이 섞여 한쪽으로 배뚤게 움직이다), '짠득하다'(매우 질기고 끈기가 있다), '앵돌아지다'(성이 나서 토라지다), '수말스럽다'(다소곳하고 착한 데가 있다), '셈나다'(사물을 분별할 줄 아는 슬기가 생기다).

다음으로 많이 낚은 어휘가 명사이다. '공걸음'은 목적을 이루지 못하고 가거나 오는 일을 뜻한다. 두 발을 모아서 종종거리며 걷는 '까치걸음'과 현재 서서 내디뎌 걷고 있는 그대로의 걸음인 '선걸음'도 눈에 띈다. '객담(客談)'은 '쓸데없는 말'을 '날장구'는 부질없이 공연히 치는 장구를 나타낸다. '입치레'는 끼니 때우는 것을, '단대목'은 어떤 일의 매우 중요한 고비가 되는 시기를 일컫는다. '군식구'는 집안 식구 외에 덧붙어서 얻어먹고 있는 식구이다. 이런 어휘는 대부분 먹고사는 문제와 삼이웃 한다.

'일패도지(一敗塗地)'는 여지없이 패하여 다시 일어날 수 없는 상태를 뜻한다. '분복(分福)' 은 타고난 복을, '사갈시(蛇蝎視)'는 매우 미워하거나 싫어하는 것을 나타낸다. '장하지혼(杖下之魂)'은 곤장을 맞고 그 자리에서 죽은 사람의 넋을, '일구월심(日久月深)'은 날이 갈수록 바라는 마음이 더욱 간절해지는 것을 이른다. '비기윤신(肥己潤身)'이나 '구전문사(求田問舍)'는 제 한 몸만을 이롭게 하는 것이다. 모두 한자어로써 작가가 등장인물이 처한 상황이나 심리를 그리고 있다.

『토지』의 바다에서 낚은 어휘는 고방에 눌러놓지 않고 문장의 찌개로 요리한다. 지금까지 魚輝 300여 마리를 낚았다. 오늘도 몇 마리를 건져 올렸다. '깡그리'(하나도 남김이 없다), 놀놀하다'(빛깔이 노르스름하다), '따따부따'(딱딱한 말씨로 따지고 시비하는 소리), '예각'(어떤 일이 있기 전에 육감으로 미리 알아차림), '단박에'(지체하지 않고 곧바로), '어글어글'(생김새나 성질 따위가 너그럽고 시원스러운 모양), '미욱하다'(어리석고 미련하다), '심드렁하다'(병이 낫지 않은 채 오래 끌다).

어글어글 밀려오는 파도를 보면 바다의 속사정을 단박에 눈치챌 수 있다. 어부는 예각으로 바다를 읽는다. 파도가 심상치 않다. 심드렁한 삭신을 끌고 배에 오른 고흥 댁은 남편에게 계속 따따부따 날씨를 탓했다. 물고기의 지느러미는 미욱하지 않고 민첩하다. 저녁놀이 놀놀해질 때까지 건져 올린 것은 깡그리 문어 두 마리였다.

만날 똑같은 옷을 입으면 맘이 달뜰 리 없다. 만날 그 나물에 그 밥을 먹으면 밥때가 넌더리 날 게 뻔하다. 색다른 어휘를 골라 죽이 맞게 잘 버무리면 맛있는 문장의 비빔밥이 된다. 얼마 전 발간한 수필집 『경전』에 90여 개에 이르는 낯선 어휘를 썼다. 문학 작품에서 나오는 낯선 어휘를 곱삶아 먹으면, 우리 문장의 식단이 걸어지지 않을까. 문장의 어정잡이에 머물지 않고 마음이 부골스러워지며.

『토지』에서 낚은 어휘를 요리하는 것으로 멈추지 않고, 며칠 있다가 평사리로 선바람을 쐬러 가려고 한다. 예서 어휘를 찬으로 삼아 『토지』에 나오는 사람의 이야기를 새뜻하게 비며 먹고 올 참이다.

겨울의 살풍경이 지워지며 외곬으로 봄이 올 길목에서.

2023. 02. 05.

진통제

오래전 운동하다 다친 무릎에 핀 통증이 여간 질 줄 몰랐다. 한의원에 다니면서 침을 맞고 사혈까지 하고 나서야 통증이 시들해졌다. 날마다 두 시간씩 걷는 보행은 통증을 질기게 되살린다. 근력 운동을 함께 하면서 걷자 통증이 마침내 늙기 시작했다.

육체적으로 느끼는 통증은 파스라도 붙여 잠시 잠깐이나마 잠재울 수 있다. 문제는 마음의 통증이다. 마음은 저마다의 내면에 있는 우물이다. 넓고 물이 깊은 우물은 산그림자를 끌어안고 하늘과 구름을 불러 모은다. 웬만한 바람에 표정이 일그러지지 않고 의연하다. 볕이 맑으면 맑은 대로 비가 내리면 비가 오는 대로 요동치지 않고 잔잔하다.

좁고 수심이 낮은 우물은 사소하게 부는 바람에도 온몸을 비튼다. 비가 많이 오면 넘치고 날이 가물면 좁은 소갈머리를 통째 드러내며 어쩔 줄 모른다. 편협하면 삶의 평화가 부재하고 감정의 수원지가 발을 끊는다. 넉넉하게 먹은 마음같이 위안이 되는 게 없을진대, 자신조차 받아들이는 데 인색하다.

살면서 우리가 맘의 우물에 쟁여 쌓는 염려 가운데 카페에서 무슨 커피를 마실지 고민하는 것보다 대수롭지 않은 게 많다. 마음의 서랍에 넣어두고 잊어버린 시간처럼. 괜스레 일어나는 누군가에 대한 질투심, 스스로 못났다고 자신을 속박하는 열등감, 일어나지 않을 일에 관해 일어날지 모른다는 불길한 확신에 빠져 우물이 마른다.

우리는 삶 속에서 얼마나 많은 질투의 화초를 기르고 있는가. 스스로 판 열등의 허방에 빠져 허우적거리는가. 일어나지 않을 일로 미리 서둘러 앓는가. 질투는 자신의 결핍을 인정하는 꼴이다. 열등감은 다른 사람을 잣대로 삼으면서 생기는 헛된 감정이다. 자존감이 낮으면 질투심과 열등감이 그림자같이 따라붙는다. 미리 근심하면 미리 아플 수밖에 없다. 평안은 어떻게든 느긋하게 기다리며 문제와 직면하는 사람에게 선물 상자로 배달된다.

잘 죽는 삶은 잘 사는 삶의 영토에 속한다. 삶의 여정에서 누구나 넘어질 때가 있다. 어차피 넘어질 바에 잘 넘어져야 잘 일어설 수 있다. 격투기 선수는 넘어진 걸 실패로 여기지 않고 일어서야 할 까닭으로 생각한다. 몸에 힘이 잔뜩 들어가면 근육이 경직되고 부상을 쉽게 입는다. 몸에 있는 힘을 빼는 것만큼 마음의 힘을 솎아내는 것이 어렵다. 힘을 빼는 건 느슨해지는 것이며 마침내 유연에 이르는 통로다. 이기와 편견, 아집과 독선, 경청하지 않음과 토론의 부재 따위는 소통과 타협을 튕겨

내는 헛힘이다.

관계의 눈을 타인이나 세상에만 고정하지 말고 자신에게 자주 돌려야 한다. 삶의 연극에서 주인공은 오로지 자신밖에 없다. 다른 사람의 삶을 존중하면서 스스로 반짝거리는 사람이 주인공이다. 홀로 있다고 다 고독한 게 아니다. 섬은 따로 떨어져 있지만, 주변을 떠돌지 않고 각자의 이름을 걸고 주어의 자리에 살고 있다. 주인은 작은 일에도 관심을 기울이지만 종업원은 자신이 할 일만 한다. 작다는 것은 하찮거나 쓸모없는 것의 친자매가 될 수 없다. 작은 것이 소멸하면 큰 게 따르지 않는다.

절박하게 고독하면 명치가 울울해지면서 생각이 따갑다. 가슴은 문짝 뜯겨나간 방같이 휑하니 구멍이 뚫린다. 뼈에 있는 점액 한 점까지 바짝 말라 부러질 것 같다. 묵직하게 닻을 내린 밤이 공포로 엄습한다. 고독은 고독하게 맞아야 한다. 사람이 희망일 때가 있지만, 절망일 때도 있다. 사람이 꽃보다 아름답다는 향기는 노랫말에나 집 짓고 산다. 곁에 사람이 없어 고독한 게 아니라, 맘속에 내가 살지 않으므로 광야의 말뚝 같다.

독서는 작가의 눈과 마주하는 거다. 눈은 마음의 비밀번호다. 비밀번호를 풀고 그의 마음속으로 깊이 빠지는 거다. 어휘는 뼈마디며 문장은 관절이다. 단락 속에는 오장육부가 들어있다. 띄어 쓴 여백은 혈관으로 혈류를 따라 사고의 여행을 한다. 문장의 손금을 맞대고 흐르다 보면, 밑줄로 꽁꽁 묶어두고 싶은 무늬가 있다. 밑줄치고 싶은 생각을 만나면 사랑을 고백하고 싶다. 옹이같이 박힌 첫사랑의 기억이 휘발되고 햇사랑이 점성 강한 그리움으로 꽂힌다. 한 줄이나마, 하룻날도 그냥 넘긴 쪽수같이 보낼 수 없다. 독서 여행을 마치면 영혼이 마른 수세미같이 가볍다.

길에 날마다 오른다. 그림자의 손을 잡고. 혼자 있는 그림자한테도 잘해주려고 한다. 좁은 산책로지만, 오른쪽으로 일관되게 걷는다. 그림자가 누군가에게 심하게 밟히거나 파열되지 않게 하려고. 밤길에 전조등을 치켜 켜고 자전거 타는 사람을 만나면 한쪽으로 비켜선다. 취향과 역설적인 노래를 높이 켜고 걷는 사람을 보면 속력을 최대로 높여 앞서 피한다. 길에서 떠올린 슬픔은 선물이 되고 사고의 빈궁은 충만하게 채운 자산이 된다.

시, 봐야 마침내 쓸 수 있다. 봐도 보지 못하면 상상의 날개가 꺾인 게다. 상상의 허공을 비행하려면 고독의 날개를 달아야 한다. 돈은 권력이다. 시 쓰기는 권력의 중력과 맞서는 게 아니다. 혼자의 무게는 더 많이 나간다. 물같이 흐르고 바람처럼 떠돌며 가벼워져야 시의 울음을 들을 수 있다. 고독의 통증은 고독으로 삼켜야 한다. 시인은 시선을 고독의 심장에 늘 둬야 한다. 시인에게 고독은 천적이 아니라 진통제다. 시가 여전히 마렵다.

고독의 가장자리가 반질반질하다.

2024. 6. 20.

4부

즐거운 통증

어젯밤, 잠과 잠 사이의 접속어가 부서져 그만 새벽이 되었다.

특별히 신경 쓰거나 맘을 빼앗길 만큼의 고민이 잠을 쫓은 게 아니다. 요 며칠 글의 늪에 깊숙이 빠졌더랬다. 어휘만 봐도 눈이 시릴 정도니, 사랑도 뜬금없이 지루해질 때가 있는 걸까. 친구와 제자가 수필집을 발간하려고 부지런히 글 숲을 가꿔왔다. 친구 원고는 달포 전에 손을 거의 다 봤다. 잇대어 제자가 쓴 원고를 집중하여 며칠 만졌다. 어제 출판사로 두 사람이 쓴 원고를 넘겼다.

스무 권에 이르는 책을 세상으로 출가시켰다. 이때마다 어김없이 글살을 앓는다. 글살은 운명처럼 다가온다. 피하고 싶다고 도망하는 것도 아니고 지우고 싶다고 없어지지 않은 인연. 불가피한 악연 앞에서 몸 곳곳에 웅크리고 있던 통증이 비 온 뒤 대숲 죽순처럼 올라온다. 이번에도 그랬다. 어차피 찾아올 통증이므로 불면으로 끝난 게 행운이다.

오전엔 문학동아리 수업이 있고 오후엔 글쓰기 특강이 있다. 문학동아리 수업에 참여한 사람 가운데 온 지 얼마 되지 않은 사람이 몇 있다. 먼저 된 자가 나중 되고 나중 된 자가 먼저 된다고 그랬던가. 열정만큼은 기존 작가나 회원에게 뒤지지 않는다. 김귀영 작가는 순천에서 열차를 타고 전주역에 내려 택시로 학교까지 온다. 「거울 속의 여자」란 글을 3번째 씻고 우리고 말리며 작품으로 빚고 있다. 판소리 풍으로 흐르는 운율에 가식 없이 쓴 생각이 웃음꽃을 피운다.

정지영 작가는 얼마 전에 돌아가신 아버지를 생각하며 「위대한 유산」이란 글을 썼다. "사람이 어떻게 맨날 이익만 좇고 살아. 때로는 손해도 볼 줄 알아야 해." 아버지는 이제 기억의 집에 살고 계시지만, 잠언 같은 말씀은 누구도 차려주지 않는 별식이다. 기억의 무늬로 남지 않은 사람은 살아있다 해도 부재하는 게다. 어느 날 불쑥 찾아온 이별에 강물 같은 엽서를 붙이면, 별자리가 되어 그리움으로 자랄까.

김영옥 작가는 타고난 곱슬머리를 뿌리 뽑을 수 없는 트라우마로 앓는다. '인디언 밥'이나 '톰'이라고 부르는 별명은 달갑지 않은 슬픔의 어휘였다. 꼬인 머리카락을 자녀에게 물려주지 않을까 맘의 근육이 늘 밭았다. 다행히 아들딸은 곱슬머리로 태어나지 않았다. 다 잘산다. 이런 삶의 무늬를 「꼬였지만 결국, 풀리는 인생」으로 구웠다.

박현숙 작가는 캘리그라피의 대가다. 다른 사람이 쓴 글만 글씨로 쓰다 보니, 자신이 쓴 글을 글씨로 쓰고픈 생각이 간절하더란다. 두 번째 참석하면서 「때론 겁 없이」란 글을 정말 겁 없이 썼다. "또 다른 시작은 희망을 품은 설렘이다." 지도에 없는 길을 내는 건 꿈. 이 길을 곁눈질하지 않고 걸으면 내일이 희망으로 발음된다. 이미 등단한 글비의 「부재중」, 글무렵의 「작지만, 존재하는 것들」, 미야 작가의 「끝의 시작」도 함께 눈여겨보고 귀여겨들었다. 작가라는 이름을 붙이고 사는 게 영광만 주는 건 아니다. 작가라는 작위에 눈 맞추고 살려면 뾰쪽하게 고독하고 살 떨리게 외로워야 한다. 때로는 두꺼운 이불이 되어 누군가의 흉을 덮고 아랫목을 데우는 군불이 되어 온기를 살려야 한다.

오후, 글쓰기 특강 시간. 글쓰기 공동체라는 이름으로 모여 열정을 태운다. 학부생, 대학원생, 신대원생, 지역주민, 목회자에 이르기까지. 체면 따위를 버리고 아무렇게나 벗어놓은 바지를 서둘러 입고 오듯 절실하다. 강물의 등도 벌겋게 타는 한낮, 우리 열정의 온도는 몇 도쯤일까. 여러 수강생 가운데 눈에 띄는 사람이 있다. 익산에서 오가는 부부 학생 김복남과 서윤희. 생업으로 하는 가게 문 여는 시간을 줄이면서 신학을 공부하고 있다. 얼마 전, 글쓰기에 관해 상담했다. 먹고 마시는 데 눈 팔지 않고 좁고 험한 십자가의 길을 동행하는 게 장래희망이자 소명이란 걸 읽었다. 이들뿐이랴.

겨울방학 특강에 이어 이번에도 참석한 강지원 전도사님. 날마다 에세이를 쓰면서 상담의 끈을 놓지 않고 있다. 하룻날도 빠지지 않고 익산에서 오가는 사회복지학과 4학년 김승주. 올해 사회복지학과에 늦깎이로 입학한 김정하. 생각을 많이 짊어진 듯한 신학과 4학년 오선. 이번에 수필집을 출간하는 미야 작가 이은미. 성실의 대명사 신학과 임창

경. 오전에 문학동아리 수업에 참여했다가 오후에도 강의 듣는 신학과 1학년 정지영.

군산에서 오가는 신대원 졸업반 송영희. 몇 해 전 여성 목회자 글쓰기 특강 때 연을 맺은 신대원 졸업반 이한나. 눈에 지지 않는 꽃을 단 신대원 졸업반 한영미. 신대원을 졸업한 장성은. 일흔이 넘은 나이에도 앞자리에 앉아 집중하는 심리상담학과 박정임. 순천에서 오가시는 오승남 목사님과 안종빈 목사님. 여수에서 오가시는 김두례 목사님. 순천에서 문학동아리 수업까지 하러 오는 김귀영. 함께 그림자같이 묻혀서 오는 간호학과 경서.

군산에서 어쭙잖게 운전대를 잡고 오가는 신학과 정은희. 툭 건드리면 열정의 풍선이 터질 것 같은 오미경 목사님. 뒤늦게 합류한 김윤희 전도사님과 부군인 이동영 목사님. 동아리 수업과 함께 듣는 박현숙 사모님. 지역주민인 일흔다섯의 소녀 홍성자. 역시 소녀 같은 지역주민 김인숙. 정하 말을 듣고 첫걸음을 한 졸업생 박영주. 어느 한 송이 꽃이 아닌 이 없고 스승 아닌 사람이 없다. 이리하여 우리 사이는 사우.

우리 생애, 삶과 분리된 일상이 있던가. 삶과 등진 철학이 있던가. 삶과 담을 쌓은 역사가 있던가. 글을 쓴다는 건, 자신이 살아온 삶의 무늬를 새기는 거다. 삶의 옹이를 무르게 하여 부드러워지는 거다. 자신을 성찰하고 객관화하여 거울이 되는 거다. 바람에 흔들렸다가 제자리로 돌아와 중심으로 남는 거다. 글쓰기는 삶의 여행이다. 마음먹고 여행길에 오른 사람은 두고 온 사람이나 집을 자주 쳐다보지 않는다. 여행길에서 길을 잘못 들면 길 자체가 여정이지만, 관광하면서 길을 잘못 들면 불안하다. 글은 놀이하듯이 즐기며 써야 행복하게 살로 간다. 삶을 떼어낸 글은 잘 쓴 글일지언정, 좋은 글의 마을에 당도하지 못한다.

스물일곱 해, 한 번도 거르지 않고 방학마다 글쓰기에 관해 특강했다. 강의 한 번 듣고 논문을 잘 쓰거나 설교를 잘하길 바라는 마음으로 오는 사람이 많다. 방향을 잘못 잡고 들어선 길은 이정표가 환해도 어쩔 수 없는 미로다. 삶의 토양이 척박한 곳에 글의 씨앗을 뿌리면 씨앗이 썩지 않는다. 썩지 않은 씨앗은 심장이 뛰는 생명이 될 수 없다. 삶으로 쓰지 않는 논문, 삶으로 그리지 않는 설교, 삶으로 푹 고아내지 않는 문학 작품은 소리 내지 못한 종과 같다. 소리를 낼 줄 모르는 종은 뛰지 않는 심장과 가까이 살고 있지 않을까. 글장이가 되려고 글을 쓰는 건 단추를 잘못 잠근 옷을 입는 것과 같다. 삶을 주도하는 삶의 경영자가 되어야 좋은 글을 쓴다.

염전 같은 몸에 소금꽃이 핀다.

2024. 8. 14.

죽비소리

대설주의보 끝에 눈이 지독하게 내린다.

열여섯 해전, 전원에 마련한 집에 산짐승이나 멧새가 신발을 곳곳에 벗어놓고 간다. 때로는 바람이 찾아온 날짜와 시각을 방명록에 쓰지 않고 그냥 돌아가기도 한다. 집을 서넛 채 이상 지을만한 집터와 텃밭은 부모님의 손길이 묵은 때처럼 끼어 있다. 헤아릴 수 없이 자라는 나무며 잔디밭, 잇몸 같은 집터에 이처럼 붙은 텃밭에 이르기까지. 구순 고개에 이른 아버지께서 며칠 전부터 몸살감기로 누워 계신다. 작업실에 붙박여 있거나, 학교에 나가는 날은 아버지께서 눈을 치우셨다.

철물점에서 대붓을 네 자루 샀다. 집 주차장에서 현관까지 오가는 길은 쉰 발쯤 걸음걸이를 해야 이른다. 직선과 곡선을 두루 섞여 길을 냈다. 들락날락하면서 정원에 있는 나무와 꽃을 마음에 담으려는 요량으로. 가다가 멈춰 생각하고 주위 돌아볼 시간을 마련하겠다는 생각은 비나 눈이 오면 뜻밖에서 불편의 그림자를 데려온다.

몇 발 앞서 들렀다 간 방문객의 필체가 곳곳에 남아 집안은 방명록의 한쪽과 같다. 새끼 두셋쯤 슬하에 품고 들렀을 들고양이는 솔밭에서 나와 현관으로 오르는 계단, 주방의 송풍기가 있는 바깥 마루를 가리지 않고 만연체의 필적을 남겼다. 산에서 내려와 일찍이 들렀다 갔을 법한 새는 솜사탕 같은 화선지에 방문의 흔적을 아기 낙엽 같은 낙관으로 찍었다. 어제 오후깨나 들렀을 우체부의 오토바이 신발 흔적은 우체통까지 높은음자리표로 남았다.

맞아주는 품이 있으므로, 짐승이나 산새가 그냥 지나치지 않고 들른다. 어머니는 당신 끼니만큼 고양이나 산새 먹잇감을 챙기신다. 몇 해 전, 바깥에 있는 신발장의 헌 장화에 새가 알을 품었다. 새 울음소리가 유별스럽게 무성했다. 서재와 가까이 있어서 옆 산에서 나는 소리로만 알았다. 뒤늦게 알고 보니, 새끼를 데리고 어미가 장화를 떠날 때까지, 어머니만 아는 생명 탄생의 비밀을 누설하지 않은 것이다. 행여, 식구들 눈을 타 어미가 쓰는 육아일기의 글씨가 비뚤어질지 모른다는 염려 때문이었으리라.

거대한 화선지에 대붓으로 죽필을 휘지한다. 글씨를 쓰는 행위는 단순히 손동작이 아니다. 글씨가 곧 사람이다. 글자꼴에 따라 또박또박 붓을 눌러 쓴 글씨체로 전서·예서·해서·행서·초서가 있다. 물 흐르듯이 흘려 쓴 글자꼴은 초서다. 서체는 글씨를 쓰는 사람에 따라 나타나는 개성이나 특징을 일컫는다. 문체가 글쓴이의 문장에 숨어있는 개성이나 특징을 뜻하는 것과 한 궤다.

문장은 어휘를 갈 볕에 고추 말리듯 늘어놓는 게 아니다. 글쓴이의 품격과 삶의 철학을 담근 장독이 되어 독자에게 삶의 맛을 내게 한다. 아름답다고 여기는 글은 향기를 꽃망울같이 달고 산다. 글씨도 마찬가지다. 점과 획을 자음과 모음으로 엮여 글자에서 향기를 품는다. 향기는 묵향에 머물지 않고 글씨를 쓰는 사람의 풍류와 달관의 세계로 빠져들게 한다. 글쓰기나 글자 쓰기는 삶에 의미를 불어넣고 미학의 탑을 쌓는 일이다.

눈의 화선지에 대붓으로 쓰는 필체는 빗살무늬 글꼴이다. 대붓질을 할 때마다 두꺼운 화선지가 얇아지면서, 먹물이 빗살로 남는다. 붓을 다루는 용필법에 따르면, 획 모서리가 모나고 각져 평면적이면서 힘찬 느낌을 주는 방필의 이웃이라고 할까. 빗살무늬는 신석기 시대 토기에 아로새겨 살아왔다. 농사를 사람이 짓지 않고 하늘이 짓는다는 잠언에 기대 산 사람에게 비가 사소했을 리 없다. 무엇을 먹고 싶다는 말 대신 비가 풍성히 오길 더 기대했을지 모른다.

눈의 지면에 빗살무늬 체의 글씨를 쓰면서 길을 낸다. 길이 나 있되, 지나는 이가 없으면 겉만 길이다. 길은 가고자 하는 이가 자신이 품은 뜻을 받아쓰며 낸다. 밤마다 사람 사는 마을 길을 밝히는 가로등도 어둠 속에 길을 내고 찾아온다. 사랑도 서로가 낸 길을 따라 왔다가 누군가 자른 길을 잃고 돌아올 줄 모른다. 길을 내는일은 서로의 마음속으로 젖어 물드는 것이다. 날마다 글을 한 줄이라도 써야 심장의 박동을 느낀다. 혈관의 강이 가물지 않고 흐르는 소리를 듣는다. 글쓰기도 독자에게 길을 내고 다가가는 일이 아니랴.

붓질을 마치고 주차장 벽에 세운 대붓이 말을 건다. 혼을 불어넣어 글을 쓰느냐는 물음에 멈칫하자 연거푸 묻는다. 혼을 밑불처럼 사르며 쓴 글이 얼마쯤이나 될까. 빈칸 같은 몸속으로 칼날 같은 바람이 켜켜이 들어와 박힌다. 붓질할 때 느끼지 못한 한기가 털어도 털어도 털리지 않는다. 홑옷을 걸친 시가 눈바람처럼 스친다.

"빗자루로 서 있는 게 북향/ 뒤란의 늙은 고욤나무처럼/ 그림자도 곁 없는 일인지라/ 대빗자루는 새신랑 같은/ 손길로 눈의 옷고름 푸는데,/ 허방 자꾸 짚어 쌓는 게다/ 글씨도 써본 붓이 필력 있다고/ 눈 위에 쓴 빗살무늬 문장을/ 갓 태어난 볕볕이 낭송한다/ 눈을 쓰는 대나무 빗자루도/ 생각을 쥐었다가 펼친 대로/ 닳아져야 마침내 붓인 게다/ 죽필로 하얀 문장을 쓸며/ 마디마디 속 비어 있는 붓의/ 내공에 관해 귀를 묻는다"

-(「눈을 쓰다」 가운데 일부)

대나무 붓의 물음에 귀를 다시 묻는다.

2025. 1. 10.

이발소의 풍경화

머리를 깎으려고 들른 이발소, 여느 이발소나 그렇듯이 객이 더 많다. 장기를 두는 사람이 있는가 하면, 신문 활자에 달팽이 같은 눈길을 준 사람도 있다. 거울 위에는 단풍 든 은행나무를 그린 그림이 한 점 걸려있다. 일흔쯤 되었을 성싶은 주인은 얼마 전까지 아들이 그렸다는 말을 일곱 번째 했다. 누가 그린 그림이냐고 한 번밖에 묻지 않았는데도.

영국 화가 윌리엄 터너는 이발소집 아들이다. 터너는 영국을 대표하는 화가다. 이발소는 당시 상류층에 몸담은 사람이 드나든 곳이다. 터너의 아버지는 아들이 그린 그림을 이발소에 전시한다. 터너에게 따라붙은 수식어는 한둘이 아니다. 풍경화의 대가, 빛의 화가, 국민 화가, 영국 낭만주의 회화의 대가에 이르기까지 영국 미술사의 중심을 차지한다.

영국 돈 20파운드는 터너의 얼굴을 빌려 쓰고 있다. 연말에 미술인에게 주는 최고의 상이 터너 이름을 붙인 '터너상'이다.

터너가 그린 그림 가운데 '눈보라'가 있다. 이 그림을 그리려고 그는 돛대에 몸을 네 시간 동안 묶고 바다를 관찰한다. 고정된 틀에서 벗어나 활달하게 끓는 예술혼에 충실하게 몰입한다. 그의 나이 67세 때 일로 열정에는 나이가 없다며 몸붓으로 삶을 그린다. 예술사의 뛰어난 작품은 하루아침에 이슬처럼 맺히지 않는다. 현세를 뛰어넘어 영원을 꾀하는 예술은 적어도 수행자의 삶을 사는 작가에게 종교나 다름없다.

연구실에 있는 책을 지난 주말에 옮겼다. 책을 반 넘게 버렸으나, 집 지하창고가 서고가 되고 말았다. 아직도 짐을 다 정리한 건 아니다. 진안 운장산 아래로 귀촌한 친구가 차까지 가져와 품을 내줬다. 학교에서 준비한 은퇴식을 여러 차례 손사래 치며 마다했다. 교수로 은퇴할 뿐, 시인에게 은퇴는 글문에 못질하는 것과 같으므로. 시를 쓸 때 마음이 부유해지고 죽순처럼 자란 아픔이 시들해진다.

모네는 전쟁을 피해 영국으로 건너가 터너와 조우한다. 그는 첫째 부인 카유미를 서른둘에 자궁암으로 잃는다. 카유미가 임종하는 순간을 그림으로 그리는 뼛속까지 화가다. 재혼한 둘째 부인 알리스는 뇌종양으로 죽는다. 3년 후에는 큰아들이 죽고 작은아들은 전쟁터로 나간다. 이때부터 모네는 수련을 집중하여 그린다. 그가 그린 그림 가운데 수련이 돌올하게 많은 까닭이 무엇일까. 모네는 수련을 그릴 때 고통을 잊는다고 했다. 고통은 혼자 오지 않고 여럿이 떼로 몰려온다고 했던가. 그는 백내장에 걸려 사물이나 색채, 빛을 제대로 읽지 못한다. 이 통에도 그는 창작의 신념을 놓지 않는다.

살다 보면, 등을 돌리고 달아나는 게 시간뿐 아니다. 예고 없이 퍼붓는 폭우와 같은 고통에 온 생이 젖는다. 잘 여닫히던 마음의 문설주가 녹이 슬어 삐걱거린다. 허공밖에 의지할 데 없는 등뼈가 속절없이 녹아내린다. 고통을 감당할만한 사람에게 준다는 경전의 말씀이 야속하다. 우리 삶의 문장은 쌓음과 잃음의 대구다. 축적보다 상실의 벼랑으로 기울어진 날이 많아 추락의 가속도가 아찔하다. 이럴 때 어디론가 달아날 데가 없는지 피난처를 찾는다. 모네가 전쟁을 피해 영국으로 탈출한 것처럼 나는 시의 울로 달아난다.

늘 그랬듯이 오늘 점심을 외밥으로 먹는다. 어떤 이는 밥을 혼자 먹으면 불편하지 않느냐고 염려한다. 공연한 뻔뻔함도 내공이 쌓이면 자유스러워진다. 천 원쯤 되는 거스름돈을 받지 않거나 더 주는 식으로 거리를 좁힌다. 반찬 따위를 눈치 보지 않고도 양껏 먹을 수 있는 비법이랄까. 시래깃국이 고기보다 맛있다거나 어머니의 밥상 같다는 인사말은 주인의 기분에 날개를 매단다. 편히 밥을 먹으니 시상이 뒤따라올 수밖에.

“일인 일식 주문 요/ 목멘 간청 하관하듯 묻고/ 밥 한 그릇 시키는/ 뻔뻔함을 키운 건/ 어쩔 수 없는 빈 허기// 혀에 찰떡같이 달라붙는/ 찬도 찬이려니와/ 찬보다 미소가 맛나고 찰져/ 혼자 오지 않고/ 그림자 데리고 왔단 넉살에/ (중략) // 과장법 진실하게/ 읽어주는 진지 앞에서/ 콩고물 바른 떡 같은 시/ 한 편이라도 써봤으면/ (중략) // 한사람 밥값은

외상이요/ 말을 참 이쁘게 헌당께// 그런 시도 한술 써봤으면”

-(「외밥」 가운데서)

마음이 쓰라릴 때마다 시의 치맛자락을 붙잡는다. 생각을 넣으면 언어가 가만가만 풀려 시로 태어나면 좋으련만. 가풀막진 숨이 넘어가듯 조인다. 이럴지라도 시의 그늘에 홀로 있을 때 앓지 않는다. 시의 숲을 헤매고 시의 언덕을 쏘아 다닐 때 가로막힌 게 풀린다. 시는 바다 끝에 있는 역에 이르는 선로이고 난바다로 가는 항구다.

시를 쓸 때마다 아프다. 아플 때마다 시를 쓴다. 아니 시를 꿈꾼다. 머리 감으시죠 라는 말끝에 금이 간 졸음. 은행나무 그림이 눈에 들어온다.

훌륭한 아들을 두셨다는 말이 왜 뜬금없이 터졌을까. 죽기 살기로 그린 그림으로 밥이나 먹고 사는지 모르겠다며, 머리를 감기는 손끝이 사시나무 같다. 머리를 말리면서 가을을 공손히 뵙는다.

2025. 2. 20.

연암 선생님을 뵙다

이렇게 과분할 수가, 문학상 앞에 '연암 박지원'이란 이름을 붙인 상. 상을 염치없이 받고 나서 며칠 동안 가위 눌리 듯 속을 끓였다. 여태 타고난 이름으로 사는 것으로도 버거웠는데. '연암 박지원' 선생님의 글 세계를 흉이라도 내야 한다는 책무로 등짐을 지고 산에 오르는 것 같다.

선생님이 세상을 피해 몸을 감추고 사셨던 연암협은 지금 남쪽에 없다. 얼마나 많은 사람이 선생님에게 글을 배우려고 험로를 찾았던가. 절친뿐 아니라, 당대 지식인에게 자신의 문장에 대해 모함을 받았을 때, 선생님이 느꼈을 절망은 얼마나 깊었을까. 총애받았던 임금에게 질책을 당했을 때, 사람 가운데 몸을 두고 싶었으랴. 선생님은 발의 유적보다 문장의 행적을 많이 남기셨다.

선생님을 뵈려고 마음의 신발 끈을 묶는다. 선생님의 목소리가 귓전에 생생하게 살아있다. 예나 지금이나 세상을 바꾸려고 앞장선 사람은 정치인이다. 정치인이 바꾼 세상은 민심과 들어맞지 않을 때도 있었다. 세상을 바꾼 것은 꺾지 않는 붓이고 문장이다. 붓끝을 도끼 삼아 거짓을 찍어버릴 각오로 글을 쓴 문장가이다.

큰 나라 그림자에서 한 치도 벗어나지 못하고 살았던 시절. 큰 나라 벼슬아치나 문사같이 보고 듣고 생각해야 했다. 경전의 맛을 즐기지 않고 달달 외워 자리를 차지하는 수단으로 여겼다. 이런 시절, 선생님은 세속의 명예나 이익을 얻으려고 글을 쓰지 말라고 못 박으셨다. 거짓소리를 내지 않고 진심으로 쓴 글이 세상과 맞서는 힘이라고 하셨다. 이름자 앞뒤에 작가를 어쭙잖게 붙이고 그간 써온 글이 나부랭이가 아니었을까. 시답잖고 산만하게. 이번에 받은 상패는 명예가 아니라, 내 안을 속속들이 비추는 거울이다.

얼굴을 제대로 보려면 거울을 정면에서 봐야 한다. 사물이나 우주도 마찬가지이다. 글을 쓰기 전에 쓰려고 하는 대상을 정면에서 관찰하고 통찰해야 한다. 이런 다음에 오른쪽과 왼쪽, 뒤쪽까지 보고 이들 사이에 존재하는 묘미를 찾아야 한다. 사이의 묘에 대해 깨달은 뒤, 말하고자 하는 주제를 찾고 제목을 깃발같이 꽂아라. 막걸리는 사발에 부어 마셔야 제맛이 나고 사골은 뚝배기에 부어 먹어야 맛있다. 글 내용을 어떤 그릇에 담아야 할지 잘 구성해야 한다.

문장은 너무 길지 않게 부리되, 통일성의 궤도를 벗어나면 안 된다. 논리와 인과관계의 끈을 느슨하게 풀지 마라. 일할 때 시작과 끝을 일관되게 잘하는 사람은 어느 곳에서든 신뢰받는다. 글도 마찬가지이다. 글을 쓸 때, 시작하고 마무리하기를 잘해야 독자가 글에서 눈을 떼지 않는다. 시작하기는 짧되, 참신하게 하라. 처음부터 다 보여주겠다고 욕심을 부리지 말라. 음식을 먹기도 전에 냄새에 질려 밥맛이 떨어지는 식이 된다. 마무리도 마찬가지이다. 주제를 짧게 담되, 보여줄 듯 말 듯 독자의 애간장을 녹여야 한다. 처음과 끝은 밀접하게 엮어야 한다.

글을 쓸 때, 사례를 적절히 쓰라. 글은 머리로 쓰는 글이 있고 눈이나 발로 쓰는 글이 있다. 글감은 도서관 서고에도 많지만, 우리 삶의 현장에 억수로 널려있다. 눈여겨보고 귀여겨들으면 쓸거리로 쓸모가 있다. 무엇이든 당연하게 여기면 사소하지만, 의미를 불어넣으면 절경이 된다. 까치집을 품고 있는 나무가 들녘에 서 있다. 봄이 발을 들이기 시작한 황량한 들판에 독새풀이 한둘 고개를 내민다. 산달이 가까워지는 까치가 집을 짓느라 분주하다. 나무는 잎을 서서히 틔우며 까치집을 숨기고 있다. 절경이다.

독새풀 얼굴 내민 들녘의 거목 하나/ 산달에 맞추어서 태실을 짓는 까치/나무는 잎새 덧붙여 허공 한 채 숨기느니.

-(자작 시조 「절경」 전문)

시 문장만 운율의 옷을 입고 살지 않는다. 산문도 운율의 강을 따라 흐른다. 어휘를 절제 있게 쓰고 문장과 문장을 삐걱거리지 않게 이어야 한다. 문장의 줄기는 맥이 서로 통해야 하며 이물을 끼워 넣으면 안 된다. 문장은 서서히 걷기도 하고 뛰기도 하고 잠시 쉬기도 하는 흐름을 지녀야 한다. 독자를 배려한답시고 일일이 설명하려고 하지 마라. 함축성이 없는 문장은 독자를 지루하게 한다.

참신하게 비유하여 부린 문장은 별미와 같다. 비유의 힘은 독자의 상상력을 확장하여 소통의 공간을 넓힌다. 우리 삶에 반전이 존재하듯이 글에도 반전이 있어야 한다. 반전이 없는 글은 맹맹하게 끝나는 영화와 같다. 그리운 사람은 곁에 있어도 그립다. 그리워하면 늘 보고 싶다. 그리움은 지울 수 없는 여운을 어룽지게 데리고 다닌다. 글을 읽고 난 독자가 글에 대한 그리움 때문에, 글을 보고 또 봐야 한다. 어떤 문장은 밑줄을 치고 어떤 문장은 가슴에 지문같이 새기면서.

선생님께서 한 문장을 나지막하게 던지시고, 저녁노을을 향해 걸어가신다. "다섯 자 글귀를 완성하려면, 일생의 정력을 기울여야 하느니라."

2023. 3, 3.

몸살

"일어나야지. 일어나야지."

몸은 뜻 바깥에서 모든 신경이 정지해 있고, 흙에 빠진 타이어같이 헛바퀴를 연신 돈다. 예배를 드리러 가야 하는데. 영혼만 명료하고 자유스러울 뿐, 몸은 천 근 만근의 쇠막대로 침대에 박혀있다. 뒤돌아보면, 맘크게 먹고 저지른 일을 갈무리하고 나면 이런 증상이 운명같이 따랐다.

요즘 열 번째 시집 『낮잠 들기 좋은 날』의 출판사 원고를 수선하고 있다. 두 해 전에 쓴 원고와 작년에 쓴 원고 일부를 정리하여 낸 시집이다. 작년 오월, 아카시 향기가 마실길을 만들어 마을 이장네 꿀벌을 숲으로 불러낼 때 역마살이 도졌다. 역마살이 붙을 때 그대로 두면 탈이 난다. 잘 다스리던 고독의 성이 무너지고 무너지는 성벽에 깔려 숨쉬기는 게 벅차다.

이른 새벽 열차를 타고 구례에 이르렀다. 구례 산동에서 남원 주천까지 16킬로. 짧지 않은 둘레길을 그림자와 함께 다섯 시간쯤 걸었다. 사랑한다는 말은 뜨거울 때 해놓고 자칫 시들해지는 것. 둘레길에서 사랑은 함께 발맞추며 곁이 된 그림자였다. 운동하다 다친 오른쪽 무릎에 통증이 간간이 피었지만, 찔레꽃 향기에 취해 통증의 꽃을 들여다볼 겨를이 없었다. 한 주 뒤에 남원 주천에서 운봉까지 지리산을 둘러왔다. 역마살은 메마른 시심을 촉촉이 적시며 글감을 데려온다.

지리산 둘레길을 걷는 동안 지리산은 산이 아니라 화살표였다. 길 밖으로 흐르지 않게 한 건 웅장한 소리나 외침, 훈계조의 도덕률이 아니라, 말없이 가리키는 빨강 침묵. 앞다툴 일 없이 강물로, 길 벗어날 염려 없는 바람의 인도. 지리산 둘레길을 어떻게 왔는지 둘러보니, 화살표를 따른 것밖에 없었다.

하룻날도 거르지 않고 두 시간씩 걷는 보행도 어찌 보면 역마살에서 나온 것일지 모른다. 길에 오르면 몸에 날개가 달리고 마음은 지느러미가 붙어 거스를 게 없다. 사람한테 받은 상처를 길에서 꿰매고 누군가에게 품은 분을 길에서 지운다. 길에서 어떤 것이든 눈여겨보고 귀여겨들으면 뜻이 되고 마침내 시가 된다. 달빛 아래서 어미를 놓친 여린 생명도 눈에 살갑게 들어온다.

젖을 뗐을까 말까 한 고양이에게 손을 내밀자, 거리를 좁혀 와 소리 내지 않고 손금을 읽는다. 타고난 손금대로라면 누구나 시인이다. 감나무 햇잎 같은 혀로 손바닥에 박힌 시를 쓰다듬다가 거꾸로 누워 달빛을 입는다. 배의 마지막 행쯤, 녀석의 고추가 만년필 촉같이 달려 있다. 진정한 글쟁이가 쓴 글은 만년필로 꾹꾹 눌러쓴 육필이 아니던가.

길에는 이름을 알 수 없는, 아니 알려고 하지 않은 꽃이 많다. 꽃 이름 하나 모른다고, 우리가 불행해지는 것은 아니다. 그의 이름에 대한 무지는 알 수 없는 그의 삶에 관해, 꺼내지 않은 그의 아픔에 관해, 눈 감고 모른 척하는 거다. 땅에 발붙이고 사는 이름은 누구나 어떤 자리에서나, 생명이란 이름으로 용서받을 수 있다. 그의 형상에 관해, 그의 빛깔에 관해, 그의 향기에 관해, 생명이란 이름으로 사랑받아야 한다. 꽃 이름 하나 모른 건 목숨 하나 외면한 거다. 우주를 하나 버린 거다.

우리 삶은 뾰쪽한 수가 없다. 막막하고 캄캄하다고 여긴 것 가운데 대부분은 길에 서면 비밀번호를 푼다. 비밀번호는 다름 아니다. 학창 시절, 참고서 해답을 보고도 풀리지 않았던 문제가 길을 걷다 보면 별문제가 아니다. 선생님은 어느 문제쯤은 풀어야 좋은 대학에 가서 인생이 잘 풀린다고 하셨다. 어느 문제는 몇 사람을 빼고 넘기 힘든 장벽이었다. 좋은 대학 나오신 선생님은 퇴직금을 아들 사업 밑천으로 주고 취기에 교통사고로 돌아가셨다.

삶의 해답은 흐르는 물굽이를 돌며 모래알같이 작아지는 것. 지나치게 철들지 않은 나무로 길 한편에 오도카니 서서, 적당히 손가락질받는 것. 시 하나 붙들고 살며 빈 창고지기로 가끔 허름해지는 것이다. 속살을 내보인 강, 낯빛 한 점 붉히지 않고 부드럽게 떠는 사연을 읽어내며 부요해지는 것. 메마른 물억새가 바람을 끌고 다니다가 강에 내버린 사연을 들추며 눈물짓는 것이다.

자맥질하던 물새가 엉덩이를 드러내고도 바지를 올리지 않은 사연을 되새김하는 것. 빨갛게 웃는 매화가 입술을 서로 포개고도 더 붉어지지 않는 사연을 곱씹는 것. 함께 피고 함께 지는 봄꽃같이 공범이 될 때, 맨날 좋아 죽지 못한 시가 찾아왔다.

예배가 끝났을 시각. 몸을 겨우 일으켜 『낮잠 들기 좋은 날』 원고를 다시 들여다본다. 치열하게 달려온 삶의 흔적이 어휘 하나하나에 묻어있다. 손이 닿지 않아 파스 한 장 붙일 수 없는 곳에서 통증이 되살아난다. 어느 뉘나 몸 가운데 닿을 수 없는 절도 한 개쯤 갖고 산다.

지독하게 찾아온 시 몸살이다.

2024. 4. 7.

눈을 얻다

아침에 기도하고 있을 때, 학교 경리 선생님이 문자 했다. 어제 알아봐달라고 한 게 있다. 다음 달부터 받을 연금 액수일 터. 마음이 흔들리면서 기도가 자꾸 수제비 뜨듯 잘린다.

연구실 책을 옮기려고 날짜를 잡을 때마다, 눈이 대설주의보의 꼬리를 달고 오기를 서너 차례. 시를 쓰기 좋게 내리는 눈이면 좋으련만, 길을 잘라먹거나 차가 수십 대 엉키게 내린다. 폭폭 내린 눈도 지쳤는지 숨을 멎고 길을 트여 줄 즈음, 오랜만에 이른 아침 열차에 몸을 올린다.

고속열차와 달리 딱 두 칸인 집, 다리 뻗을 공간은 좁고 덜컹대는 소리는 잦다. 누군가 막걸리를 마시고 트림을 남긴 듯한 쉰 냄새까지. 여행이라면 여행이고 육신이 힘든 이를 찾아간다면 위로일 듯한 길 나섬.

은퇴를 기념하여 글벗끼리 순천에서 밥이나 한 끼 하자고 한 게, 여수애양병원 신년음악회로 옷을 화사하게 입었다. 많은 날을 살지 않았지만 살다 보니, 어떤 모임이든 한 사람을 빛내려고 하면 탈과 말이 따라다닌다. 공동체 가치가 시들지 않게 모두의 콧등이 시큰해야 한다.

각자 살아온 날과 넘어야 할 고개는 다르지만, 문학에 눈빛을 함께 모은 벗이 여럿 있다. 우리는 글방이나 강의실에서 이마를 맞대고 삶을 합창한다. 합창만큼 손뼉 치게 하는 게 있을까. 마음속에 깊이 똬리 튼 옹이를 꺼내며 저수지의 물처럼 서로에게로 흐른다. 눈물만큼 투명한 마음이 있을까. 글을 잘 쓰는 기술자가 되지 말고 생을 빛나게 하는 삶의 경영자가 되자고 손잡는다. 손가락을 움켜쥔 것만큼 결연한 결속이 있을까. 『어두문학』을 첫걸음으로 『다음 역은 문학녘』과 『이번 역도 문학녘』을 잇대어 출산했다.

여수의 바닷바람이 겨울스럽다. '어두문학, 글 숲에서 사람 품으로'라는 깃발이 '한일장신대 어두문학회와 함께하는 신년음악회'와 어울려 곁과 곁이다. 공연에 앞서 들른 애양병원 박물관. 눈앞에 짓이긴 얼굴이 있다. 그의 코와 입술은 어디로 갔을까. 그의 눈은 그의 귀는. 여태 이목구비 있는 얼굴로 살면서 거울인 적이 몇 날 없다. 스물아홉 해째 눈을 잃고 사는 작은아들이 눈물로 흐른다.

눈앞에 팔다리가 없는 사람이 있다. 그의 몽당다리가 생을 세우고, 그의 몽당팔이 세상을 더듬는데. 제대로 붙어있는 팔과 다리로 뒤 한 번 돌아본 날이 없다. 시도 때도 없이 전화하는 졸업생이 있다. 막무가내로 학교로 오겠다고 하거나, 이런저런 게 먹고 싶다고 한다. 녀석은 생각의 다리와 팔이 몽당이다. 녀석을 귀찮게 여긴 게 눈에 밟힌다. 길바닥에 쓰러져 파리만 덤벼드는 한센병 환자를 거둔 선교사님 앞에서 눈물은 왜 강이 되는가.

길바닥에 달라붙어 으깨어진 지렁이 같은 육신. 낮고 천한 생명이 흘리는 숨 토막 나는 소리를 그냥 밟지 않고 업은 작은 예수. 그분의 등은 얼마나 넓고 아늑했을까. 날마다 읽는다는 게 무엇일까. 읽어서 안다는 게 여름날의 화롯불이고 겨울날의 부채 바람이 아니었을까. 날마다 글을 매만진다는 게 무엇인가. 예수의 말자락만 느슨하게 잡고 사는 너는 귀와 팔다리를 어디에 두었는가. 여태 읽은 경전이 처마의 고드름으로 뾰쪽하니. 애써 쓴 글이 달빛 환한 밤, 얼음 그림자의 뒷눈으로 새까마니.

뭍섬에 갇혀 살면서도 쫓기며 사는 목숨. 죽어서도 꽃상여를 타지 못하고 평생 목숨 없이 산 사람들의 어둑한 생애가 파도에 씻겨 다시 살아난다. 속된 말로 하늘이 내린 병을 앓던 사람이 비운 자리에 무릎과 골반이 내려앉은 사람으로 넘친다. 「내 마음의 강물」이 길을 내고 흐른다. "수많은 날은 떠나갔어도 내 맘의 강물 끝없이 흐르네. 그날 그땐 지금 없어도 내 맘의 강물 끝없이 흐르네" 강은 제 혼자 흐르지 않는다. 별빛과 바람, 연인까지 껴안고 바다로 함께 가거늘, 그대 강같이 흘러 줄 이 있는가.

첫사랑만큼 눈먼 게 있을까. 「첫사랑」을 떨리게 잇는다. "그대를 처음 본 순간이여. 설레는 내 마음에 빛을 담았네. 말 못 해 애타는 시간이여. 나 홀로 저민다" 사랑은 찰나에 이뤄진다. 사랑하는 동안 누구나 별 잘

드는 곳의 장작이 된다. 태워도 꺼지지 않는 장작의 잉걸불같이 뜨겁다. 「꽃구름 속으로」를 순접으로 엮는다. "꽃구름 화안한 속에 꽃가루 흩뿌리어 마을마다 꽃향기 풍기어라" 천리향은 향기가 천 리까지 날아간다. 쌍계사 계곡물이 동안거를 마칠 때면, 글의 혼이 섬진강을 따라오는 천리향에 끌려 화개장터에 안긴다. 지금 섬진강은 하동에 있지 않고 노래하고 듣는 우리 사이를 흐른다.

하모니카를 통해 울리는 "나 같은 죄인 살리신 주 은혜 놀라워. 잃었던 생명 찾았고 광명을 얻었네" 죄인을 부정하며 먼눈으로 살아온 삶. 눈을 멀쩡하게 뜨고도 보지 못했던 게 박물관과 노래에서 읽힌다. 얼마 전, 돋보기와 안경알을 바꿨다. 글씨가 잘 보이고 먼 데 있는 간판도 눈에 찰지게 들어온다. 몸의 창은 맑아졌는데, 마음의 창은 성에꽃으로 덮어있다.

아침에 온 문자를 귀갓길 열차에서 꺼낸다. 여섯 식구를 건사하기에 짧디짧은 숫자가 고개를 숙이고 있다. 마음을 닦고 늦게 온 소포처럼 반갑게 껴안는다. 적지만 잃은 게 아니라 얻은 게 아닌가. 아직도 성한 삭신까지. 이게 모두 바닷가 병원에서 캔 말이다.

2025. 2. 9.

글쓰기 공동체

방학 집중 글쓰기 특강 하는 첫날. 손가락을 꼽아보니, 어느덧 스물여섯 해째 여름이다. 시간의 징검다리를 그동안 어떻게 건너왔을까?

오전에 어두문학 회원이 모여 각자 쓴 작품을 합평했다. 문장마다 저마다 삶의 무늬를 새기고 삶의 온기를 품었다. 어떤 작품은 입꽃을 피우고 어떤 작품은 눈물의 둑을 무너뜨렸다. 오후, 장맛비가 접속어로 이어졌다가 마침표로 끊기는 행간마다 찜통이다. 수강 신청한 사람 수효가 솎지 않은 텃밭 열무같이 빽빽하다.

낯익은 얼굴이 기억을 간지럽히고 낯선 이름이 가슴을 간질거린다.

눈에 띌 때마다 글쓰기 강의 들으러 오라고 잔소리를 매단 사람도 몇 있다. 해마다 이름만 시렁에 올려놓고 정작 얼굴 한 번 보이지 않은 사람도 있다. 풍선같이 부풀게 왔다가 슬몃 안개같이 사라진 이름도 있다. 속사정이 다 있으리라는 마음과 괜스레 간만 본다는 핀잔의 줄이 엉켜 감정이 그네를 삐딱하게 탄다.

사랑은 절박해야 독실하게 한다. 심장을 줘도 후회하지 않은 마음이 생길 때 사랑은 반짝이는 것. 사랑하면 장작불처럼 애타고 가마솥같이 끓는다. 보고 싶은 마음이 극에 이르면 갈증 난다. 갈증은 어떤 것으로도 안 풀린다. 사랑하는 사람만이 최고의 물. 진정으로 사랑하면 시간과 공간을 탓하지 않는다. 오로지 사랑하고 지극히 사랑할 뿐. 삶도 이렇게 살아야 결핍을 느끼고 소망의 정원을 가꾼다. 결핍과 친족 관계에 있는 어휘는 가난. 물질적으로 부족한 것만이 가난일까.

시간을 주도하는 경영자가 되지 못하고 맨날 시간의 종업원으로 사는 사람은 가난하다. 세상과 사람 탓만 해대고 부정의 늪에서 허우적거리는 사람도 마찬가지다. 말만 앞세우고 행동을 민첩하게 하지 않으면 가난하다. 새로운 세계에 대한 두려움에 빠져 제자리걸음 하는 사람은 영혼의 세간이 볼품 있을 리 없다. 자신뿐만 아니라, 다른 사람. 나아가 우주나 자연, 절대자와 관계 맺는 걸 꺼리면 궁해진다.

글 대부분은 삶으로 지은 집이다. 잘살지 못한 사람이 좋은 글 집을 지을 수 없다. 어떤 집이든 건축자의 철학과 가치가 스며있기 마련. 글을 쓰는 목적이 글을 잘 부리는 기술자에 머물면, 잘 지은 집에 불과하다. 잘 지은 집은 다른 사람에게 자랑하거나 부를 과시하려는 목적으로 건축한 것이다. 글을 쓰는 목적이 글을 잘 부리는 기술자에 멈추지 않고, 삶을 잘 다스리는 경영자가 되면 좋은 글 집이 된다. 좋은 집은 생태나 환경, 동선을 고려하여 지으므로 사람의 마음을 안락하게 하고 찐덥게 만든다.

여러 빛깔을 띤 사람이 특강에 참여했다. 학부생이 있고 신대원생도 있다. 전도사가 있고 목회자도 있다. 재학생이 있고 졸업생도 있다. 이십 대의 여린 나이테부터 칠순을 넘긴 인생의 박물관도 있다. 순천과 여수에서 오는 사람이 있고 군산이나 익산에서 오는 사람도 있다. 글쓰기 식구가 서른다섯 언저리쯤 된다. 해마다 그랬다. 첫발의 보폭은 마라토너처럼 모두 비장했고 눈빛은 불꽃처럼 전부 황홀하게 이글거렸다. 시작은 버둥질했으나 나중은 흐지부지한 사람이 한둘 아니었으니, 올여름의 끝물은 마침내 어떤 풍경일까.

글쓰기의 근력을 기르지 않고 좋은 글 집을 지을 수 없다. 근력은 하루아침에 생기지 않는 법. 읽고 쓰고 말하고 듣는 언어 활동을 밥 먹듯이, 숨 쉬듯이 해야 한다. 글쓰기의 근력은 심신의 근력과 이웃하고 있다. 생각을 화사하고 건강하게 하지 않으면 글 집을 지을 건축재료가 불량해 부실공사에 이른다. 잔잔한 호수에 새가 모여들고 소금쟁이가 물위를 하염없이 걷는다. 마음의 물결이 고요할 때 글 집을 잘 지을 수 있다. 글은 마음의 얼굴이고 삶의 그릇이다.

강은 그냥 흐르지 않고 운율에 따라 몸을 부단히 움직인다. 어느 곳에선 낮은음을 내고 어느 곳에선 높은음을 쏟는다. 널찍한 곳에선 느린 음으로 흐르고 여울에선 빠른 음으로 달린다. 곰곰이 들여다보면, 우리 삶의 강물도 운율을 타고 흐른다. 글쓰기도 마찬가지다. 생의 지느러미를 가만두지 않고 부지런히 움직여 삶의 강을 유유히 헤엄쳐야 한다. 강에서 혼자 존재하면 언젠가 도태된다. 공동체로 함께할 때 빛이 밝게 다가온다. 사람은 다른 사람과 만남을 지속하면서 사람이 되고 사람으로 남는다. 만남의 시공이 공동체다.

여름방학 집중 글쓰기 특강이란 깃발을 내리고 여름 글쓰기 공동체란 문패를 내건다. 한 사람씩 나와 자신을 소개하는 시간, 한 사람 한 사람의 생애가 글감이자 역사다. 저마다의 꿈이 푸르게 통통하다. 글을 쓰려는 까닭이 날씨 맑다는 내일이다. 한마디 한마디가 절실하고 가지런한 용기다. 글과 연애하려는 마음이 용광로의 불꽃이다. 각자 말을 마칠 때마다 보내는 박수가 'ME'에서 'M'을 뒤집어 'WE'로 만든 우리다. 생각을 바꾸면 내가 우리가 된다.

방학이지만, 글쓰기에 관해 상담하려고 목요일 하루를 온전히 비웠다. 소망하는 사람은 도끼에 찍혀 가지가 상처 입어도 싹을 내민다. 고통을 핑계 삼지 않고 오로지 꿈꿀 뿐. 상황을 낭떠러지로 여기지 않고 사다리로 삼을 뿐. 글은 머리로 쓰지 않고 발과 눈으로 쓴다. 타고나면서 익달하게 글을 쓴 사람은 없다. 글을 잘 쓰지 못한 건 허물이 아니다. 몸부림치며 하지 않고 미리 포기하거나 담 담으로 미루며 열심과 담을 쌓는 게 흉이다. 자신에게 잠재한 글쓰기 힘을 발휘하려고 행동하면 마르지 않은 잠재력이 깊은 샘같이 솟는다. 기록으로 남긴 삶은 개인사, 나아가 인류사의 우물이 된다.

아중호수 목교 난간에 거미가 집을 짓고 있다. 닳은 신발 틈으로 발가락이 보이고 이마에 땀이 흥건하다.

*찐덥다 : 마음에 흐뭇하고 만족스럽다
*버둥질 : 몸부림치다
*익달하다 : 능숙하고 익숙하다

(2024. 7. 3.)

글날

잠에서 설레어 몇 번 깼다.

새해, 둘째 날. 오전에는 문학동아리 모임이 있고 오후에는 방학 집중 글쓰기 특강이 있다. 어제 무주에서 목회하시는 모 목사님 목소리를 오랜만에 들었다. 오육 년 전이던가. 글을 잘 쓰고 싶다면서 글쓰기에 대해 상담하고 학부생 강의를 청강하셨던 게. 여성 목회자 글쓰기 특강에 유일하게 바지를 입고 참여하셨던 게. 목사님은 이후 페북에 글을 계속 올리셨다. 대여섯 명밖에 안 된 교인을 몸과 마음으로 섬기는 모습이 한눈에 들어왔다. 문학동아리 모임에 내일부터 오시겠단다.

목사님 전화에 이어 모 제자의 전화를 받았다. 오래전 수필가로 등단했으나, 문학동아리 활동을 중간에 그만뒀다. 사람에게 받은 상처를 싸매지 못하고 학교까지 쉬고 있다. 상처는 주는 사람이나 받는 사람이나 함께 앓는다. 장애인인 데다 희귀병을 앓고 있어 상처가 더 깊었을지 모른다. 집이 경기도인데도, 다음 주부터 동아리와 글쓰기 특강에 대학생 딸과 함께 참여하고 싶다고 했다.

이런 날이 있기까지 나 역시 가슴이 썩었다. 몸살은 좀 쉬거나 약을 먹으면 통증이 잦아든다. 문제는 맘살이다. 맘살이 오면 오장육부가 뒤틀리고 사람에 대한 절망감이 폭풍으로 닥친다. 잠은 집 나간 암캐같이 떠돌고 물 한 모금이라도 넘기면 목에 불을 지른다. 맘살도 어느 때가 되면 시간이 거둬가지만, 무엇보다 문학한다는 게 허탈해져 삶의 근간이 흔들린다.

방학 글쓰기 특강을 시작한 게 28년 전이던가. 팔팔했던 30대 뒤안길, 만나서 밥을 먹거나 커피를 마시는 부류는 주로 보따리 장사꾼이었다. 대학교수의 꿈을 안고 이 대학 저 대학으로 시간 강의하며 떠돌던 이들. 우리가 말할 수 있는 건 자신이 보고 들은 범주를 벗어나지 못한다. 어느 대학 학생은 어떻고 글쓰기 교육은 어떻게 해야 하고. 만날 그 밥에 그나물이었지만, 귀에 걸린 말이 하나 있었다.

"모 대학교 학생은 머리로 일하고 한일장신대학교 학생은 몸으로 한다." 그렇지. 한일장신대학교 학생은 섬김의 지도자니까. 남이 꺼리는 일을 한일장신대학교 학생은 꺼리지 않고 하는 사람이니까. 착각이었다. 한일장신대학교 출신 학생은 가계도 하나 제대로 그리지 못하고 보고서 쓰는 게 형편없다는 놀림이었다. 비록 한일의 보따리 장돌뱅이였지만, 등에서 땀이 흘렀다. 카페 통창엔 함박눈이 종일 지고 있었지만.

이듬해, 여름방학. 학교에 글쓰기 특강을 하겠다고 청했다. 전임교수가 하지 않는 일을 시간강사가 한다고 하니, 모두 외계인 취급했다. 강의실을 잡고 학생에게 연락할 일을 짐으로 여긴 기색이었다. 매미 울음소리가 고덕산을 임실쯤 물러나게 했던 여름, 에어컨이 없는 강의실엔 선풍기 네 대가 천장에서 무덥게 몸부림쳤다. 첫날, 여남은 학생이 나왔지만, 모두 땀범벅이 되었다.

이번 겨울방학 글쓰기 특강을 신청한 명단을 직원 선생님이 보내줬다. 낯익은 이름도 있고 초면인 얼굴도 있다. 눈에 들어온 게 있다면, 간호학과 학생 몇과 만학도가 여럿 보인다. 이들은 무슨 맘을 먹고 겨울 고덕산 응달을 찾을까. 미리 말하지만, 글쓰기를 하루아침에 잘할 수 없다. 방학 특강을 몇 주 듣고 글쓰기를 잘하는 세상은 아직 지구에 존재하지 않는다.

글쓰기는 삶을 결속하는 행위이다. 삶과 글쓰기를 분리하면 알맹이 없는 메아리가 된다. 한주 내내 대충 살다, 글쓰기 강의를 듣는 것만으로 글 집을 지을 수 없다. 글을 쓰기 전에 먼저 근력을 길러야 한다. 이른바'W-R-W-E'를 실천해야 한다. 'W-R-W-E'는 쓰기(Writing), 읽기(Reading), 걷기(Walking), 오장육부 비우기(Emptying)이다.

글은 삶을 경작하고 추수하는 행위다. 단순히 어휘를 조합하고 문장을 연결하는 것이 아니다. 사물을 눈여겨보고 우주의 소리를 귀여겨들어야 글감이 생긴다. 사람도 마찬가지다. 사랑은 눈여겨보고 귀여겨들으므로써 싹튼다. 자신의 내면에 있는 앙금을 가둬두면, 글이 포장지에 불과하다. 글로 속 사연을 꺼내야 한다. 아픔을 말로 하면 징징대는 울음이 되기 쉽지만, 글로 쓰면 마음을 울리는 공감의 종소리가 된다.

목마른 사람이 우물을 파기 마련이다. 자기소개서를 잘 쓰려고. 리포트를 잘 써 학점을 잘 받으려고. 논문 학기를 앞두고 논문 쓰는 도움을 받으려고. 아니면, 작가로 등단할까 하고. 다 좋다. 꿈은 누구나 꿀 수 있으므로. 문제는 어떤 마음으로 글쓰기를 시작하느냐이다. 이런 기능적인 사고를 먼저 하면, 우리가 쓴 글은 이기적이고 타산적인 장사꾼에 머물고 만다. 글쓰기는 자신을 바꾸는 것이다. 삶을 혁신하는 거다. 자신이 속한 세상을 바꾸는 경영자가 되는 것이다.

지금도 일주일에 한두 번 서는 장이 있다. 장엔 세상 어머니가 모두 계신다. 잊힌 입맛을 당겨 국밥 한 그릇 말아먹으면, 게을렀던 생각이 죄스러워진다. 시들했던 삶이 마침내 쇠비름같이 눈뜬다. 고덕산 응달엔 일주일에 한 번 글날이 선다. 글쓰기가 막막할지라도, 삶의 냄새를 맡으러 싸목싸목 오기를. 어쩌면 여기 모인 세상의 아픔, 글의 처마를 화사하게 씻어내릴지 모른다. 지난 삶이 새삼 공경스러워지며. 혼자 가면 길이고 함께 가면 힘이다.

새벽하늘에 별 하나가 오롯하다.

2024. 1. 2.

목마름의 근원

왜 이렇게 갈증이 날까. 2월 중순, 날씨가 바깥 일하기에 아귀가 맞을 정도로 포근하다. 며칠 전, 평사리에 들렀다가 급히 돌아온 길. 책을 읽다가 몇 장 지나쳤거나 빠뜨린 기분. 갈증의 근원은 여기였다. 등산복에 등산화를 신고 길을 나섰다.

처음 들른 곳은 구례군 토지면에 있는 고택 운조루, 보수 공사를 하느라 어수선했다. 마을에 있는 집 대부분이 기와집이어서 옛 양반 동네에 온 듯한 착각에 빠졌다. 마음을 떠밀어내지 않고 평평해지다 따뜻해지기까지 했다. '타인능해(他人能解)'라는 글자를 새긴 나무 독 때문이었을까. 가난한 이웃이 언제든지 와서 쌀을 가져갈 수 있게 했다니. 진정한 부자는 죽어서도 살아있다. 오봉산에 걸친 구름 속에서 산새가 울음을 계속 흘린다.

오봉산 봉우리에 머무는 저 구름아
구름에 몸 감추고 우짖는 저 산새야
행여나 출출하거든 他人能解 목독 찾소
- (「운조루 누에 기대어」 전문)

피아골 깊은 곳에 있는 연석사. 『토지』에 나오는 혜관 스님을 뵈러 들렀다. 천왕문을 지나자마자 독경 소리가 낭자하다. 동안거를 마친 와승(蛙僧)이 해우소 인근에 있는 연못에서 물 목탁을 두드리며 화엄경을 암송했다. 사판승을 만나 혜관 스님을 찾으니, 이른 새벽에 안갯길로 평사리에 갔다고 한다. 아마 윤 씨 부인을 만나 구천이에 대해 은밀히 얘기 나누고 있으리라.

혜관 승 뵈오려고 천왕문 지나노니
제비는 날지 않고 蛙僧의 독경 소리
햇새벽 안개 옷 입고 평사리길 올랐오
- (「연석사」 전문)

화개장터의 옆구리를 지나 다다른 쌍계사. 산 공기를 마시고 싶어 차를 멀찍이 두고 가파른 길을 올랐다. 길 양쪽 펼침막에 있는 많은 경구 가운데 눈에 들어온 '불식촌음(不息寸陰)', 잠깐의 시간도 헛되이 보내지 말라. 이 말씀을 경전 삼아 계곡의 물소리는 멈추지 않았고, 대숲도 바람에 흔들리며 중심을 계속 잡았다. 설선당의 홍매는 겨우내 틀었던 가부좌를 풀고.

불일의 낙수 소리 대숲의 댓잎 소리
대웅전 풍경소리 찻잎의 잠 깬 소리
가부좌 풀기 시작한 설선당의 홍매화
-(「쌍계사」 전문)

쌍계사 산문을 나와 오래전 알고 지낸 장로님을 뵈었다. 30년 이상 야생 녹차 밭을 경작하시다 지금은 쌍계사 입구에서 카페를 하고 계신다. 장로님께서 손수 내려주신 차를 입에 넣는 순간, 몸속의 잔설이 녹아내렸다. 이런 힘이 지워지기 전에 섬진강 백 리 길을 걸으려고 강변으로 발길을 돌렸다.

지난밤 안개비에 겨울잠 개어두고
우듬지 촉촉마다 녹녹이 맺은 웃음
불에다 데고 야윈 몸 소신공양, 하소서
-(「화개 녹차」 전문)

섬진강 백 리 길은 물길 따라 녹차와 매화, 은모래와 대숲이 병풍같이 이어진다. 봄날이면 벚꽃이 오소소하게 터질 것은 뻔하고. 3시간 남짓 걷는 동안 딱 한 사람 만났다. 대신 물바람과 물새 소리, 산그림자와 윤슬에 흠뻑 젖었다. 온몸의 갈증이 풀리면서.

섬진강 백 리 물길
지느러미 펴는 녹향
물새는 날개 접고

바람은 신발 벗고
매화도 향 끈 풀어서
발목 삼가 잡느니

겨울이 만날이랴
잔설이 보낸 부음
지리산 아픈 속내
싸고도는 섬진 백 리
상처 난 매화나무도
꽃 편지를 쓰느니
-(「섬진강 백 리 길」 전문)

산그림자의 평수가 넓어지면서 출출해지는 저녁, 노을이 눈부시다. 화개장터에 들러 재첩국에다 빙어회를 시켰다. 저녁노을과 함께 식사를 마치고 나선 길, 구례의 토지면 허공에 뜬 달이 길마다 호롱불을 매달았다.

화개면 장터에서 재첩국 한 상 받아
저녁놀 앞에 두고 빈속을 달랜 동안
토지면 허공에 뜬 달 길마다 단 호롱불
-(「화개장터」 전문)

2023. 02. 13.

삶의 지주대

아침 숲으로 햇살이 발을 들인다. 잇대어 연둣빛으로 번지는 숲의 풍경. 신발을 벗고 도당산 오솔길을 밟는다. 발바닥으로 스며드는 땅기운. 빈 원고지 틈으로 활어같이 뛰어오른 어휘가 번뜩인다.

살면서 자빠지지 않게 나를 붙잡은 것은 길과 글과 책이다. 맨발로 길에 오른 지 한 해쯤. 무좀 기가 있는 발가락을 드러내고 걷기까지 용기가 어떻게 생겼는지 모른다. 걷다 보니 용기가 났는지 용기를 내어 걸었는지 명료하지 않은 선후 관계. 발바닥이 아프지 않을까 하는 두려움은 괜히 짊어지고 나선 보따리였다. 오랫동안 똬리를 틀고 있던 무좀이 어느 날 인사 한마디 하지 않고 떠났다. 맘먹고 누우면 사랑에 빠지듯 잠든다. 자고 일어나면, 살 냄새가 달콤하여 커피가 당긴다.

도당산을 지켜온 건 상처 난 나무다. 앓은 나무는 곳곳에 메마른 눈물 자국이 있다. 나무의 상처는 이마에 땀 흘리며 걷는 개미의 의자가 된다. 바람을 들이는 문설주이다. 거미는 멀쩡한 나무에 집을 짓지 않는다. 새가 즐겨 찾는 곳은 상처 난 나무다. 욕창 난 몸덩이를 옹이로 새기는 힘, 앓아 본 이가 앓은 이를 알아본다. 상처 학교에서 공자가 생명에 관해 한 말씀을 한두 소절 되새긴다.

숲 그늘 밑에 어머니와 아들이 한 뼘의 거리로 앉아 있다. 백발이 듬성듬성한 아들과 바퀴 의자에 작은 짐같이 얹히다시피 한 어머니. 내가 누군지 알겠느냐고 절박하게 여쭙는 아들의 의문형 문장이 자성을 띠고 발목을 쇠갈이 붙잡는다. "엄마, 나 누구야? 나 눈 좀 봐. 나 누구야?" 아들은 가족의 이름을 목차로 만들어 출석 부르듯 호명했다. 어머니 입에서 "경식이"라는 말이 나오기까지 꾀꼬리가 울음을 여러 꾸러미 풀었다. 이들의 대화체를 장독에 넣어 말장아찌로 담그고 싶으련만.

숨 쉬듯이 날마다 글을 쓴다. 글은 어쭙잖은 작가의 명패를 빛내기보다 영혼을 부자로 만든다. 하루라도 글을 쓰지 않으면 아프다. 아니 아프므로 글을 쓴다. 일단 쓰고 본다. 쓴 글을 문학성의 칼날로 일일이 해부하지 않는다. 예술성을 기준으로 볼멘소리를 보태거나, 감미료 넣은 소리로 자만하지 않으려 한다. 들쑥날쑥하지 않고 진득이 땀을 쏟을 뿐. 글을 살림의 밑천으로 삼거나, 노후의 연금이 되길 바라지 않는다. 호흡이고 숨결이면 된다. 위로이고 회복이면 그만이다.

글의 씨앗은 삶에서 발아하고 글은 몸붓으로 쓰기 마련. 삶이 기름지면 글 쓰는 감각이 무디어져 붓을 곳곳이 세울 수 없다. 붓이 비만하면 글의 감응도가 떨어진다. 사막에 말뚝같이 박혀 영혼이 새까맣게 타야 붓이 민감하게 먹을 먹는다. 글은 빈궁의 집에 살며 고독의 그림자로 존재한다. 우리는 누구의 뉘로 살 때, 의도하지 않은 죄의식이 주소를 잘못 찾은 소포같이 배달된다. 누구의 아비나 어미, 누구의 아들딸, 누구의 연인이나 친구에 이르기까지. 글쓰기는 세상의 무거운 비중을 내려놓고 빈자리를 찾아 여행하는 것이다.

글을 한 줄이라도 쓰면, 글쓰기의 은퇴는 없다. 글을 쓰면 누구의 뉘로 살지 않는다. 나의 이름을 걸고 고유명사로 산다. 세상이나 타인보다 자신의 마음이 미로다. 글쓰기는 나에게 길을 내고 가는 보행이다. 도당산 나무에 난 상처보다 우리 맘속에 있는 상처가 더 깊을지 모른다. 글쓰기는 상처를 꽃으로 피우는 저력이다. 종이 울리지 않으면 쇳덩어리일 뿐. 부나 명예, 권력의 종은 거대하지만, 울림의 폭이 좁다. 약하고 아프지만, 담금질한 진실의 종은 울림이 크다. 울림은 물듦이다. 물듦은 누군가에게로 흘러 머무는 것이다.

요즘, 작업실 인근에 있는 도서관을 즐겨 찾는다. 의지의 끈이 풀리는 것을 미리 묶어두려는 요량으로. 학교 도서관에서 책을 빌리면 대출기한이 3개월인데 비해, 지역 도서관은 두 주이다. 책 읽는 공간을 카페로 옮겼다. 사람이 북적이면 집중이 떨어질 법도 하련만, 되레 몰입할 수 있다. 활자와 샅바를 바투 잡고 서너 시간씩 씨름하며, 가외 소리 다스리는 법을 익혔다. 자연을 속 깊이 사랑하는 사람은 풀은 다 한 권속이지, 잡초는 없다고 하지 않던가. 주위에서 얘기하는 소리가 엉성한 문장의 겉옷을 갈아입히는 실마리일 때가 있다. 소리는 어떻게 대접하느냐가 문제인 성싶다.

글쓰기 교육 현장에서 목소리를 높인 지 스물일곱 해의 봄꽃이 피고 진다. 시대나 환경이 나날이 변한다. 학생은 생각의 지도를 날마다 새로 그린다. 교육하는 방법도 시대의 흐름과 변화를 받아들여 통합해야 할 터. 이번 학기에 개설한 교과목 가운데 '수필문학'이 있다. 수강생에게 날마다 세 가지를 익히게 한다. 에세이 쓰기와 책 읽기, 운동하기. 셋을 동시에 실행하면 생각하고 글 쓰는 힘이 장맛날 계곡물같이 불어난다.

평가를 목적으로 쓰는 글은 즐겁지 않다. 칭찬받기를 바라면서 쓴 글은 상처가 되기 쉽다. 이런 글은 사람을 사람답게 하지 못하고, 나를 나답게 만들지 못한다. 글을 쓰면서 무너진 관계를 회복하고 관계를 새롭게 맺는다. 쓴 글을 낭송하고 들어주는 사람은 글벗이자 글족이다.

꾀꼬리가 숲에 길을 내고 울음을 일필휘지로 쓴다. 그의 문장을 귀에 담는다.

2023. 5. 2.

리포트

이른 새벽, 까닭 없이 잠이 허물어졌다. 오래전부터 눈에 아른거렸던 바다. 갯바람이나 쐬고 올까 하고 열차 시간표를 뒤적거렸다. 순간, “교수님! 제가 코로나에 걸려 오늘 수업에 참석할 수 없습니다.”라는 문자가 눈에 띄었다. 역마살을 종이학같이 접었다.

토요일 고덕산 발바닥 즈음에 있는 학교는 절집보다 고즈넉하다. 잎을 움켜쥐고 있던 나무마다 손목 힘을 풀며 잎을 시나브로 내려놓기 시작한다. 오락가락하던 비가 숨을 고르면서, 비안개가 산에 빨랫줄같이 걸려 있다. 절경 속에 앉아 첫 시간에 만날 얼굴을 떠올린다.

오늘 강의는 〈고전읽기〉로 세 교수가 5주씩 팀을 이뤄 강의한다. 내가 맡은 영역은 인문고전으로 『논어』를 주제별로 묶어 학생과 문답식으로 진행한다. 주말반 학생은 대부분 주중에 일하고 주말에 강의를 듣는다. 서울과 원주, 장성과 군산이나 익산에서 오는 학생도 있다. 나이는 40대에서 60대 후반까지 다양하다. 강의에 깊이 젖는 모습을 보면 잠시도 해찰을 부릴 수 없다.

특별한 일이 없는 한, 20분 앞서 강의실에 이른다. 출석을 부를 때마다 학생에게 조건을 단다. "네"라는 대답 대신에 꽃 이름을 말하거나, 그 주에 읽은 책 이름을 대라고 한다. 사랑하는 사람 이름을 말하라 하기도 하고, 감사한 일을 밝히라 하기도 한다. 오늘은 가을이면 생각나는 것에 대해 대답하라고 했다.

결실, 낙엽, 단풍, 고독, 사과, 들국화, 구절초, 생일, 허수아비, 포도, 독서, 여행… 중복된 걸 말하거나 답하는 시간이 5초를 넘기면 안 된다. 출석을 부르고 나면, 내가 쓴 글을 한편 낭송한다. 이때 모 학생이 배경음악을 잔잔히 켠다. 오늘 읽은 글은 어제 쓴 「고백」이란 시다.

"나무는 온몸이 귀다 잎사귀/ 이 귀로 들은 어떤 말이든/ 가슴에 품고 두터이 덮는다/ 사람한테 하는 말 보의 물같이/ 새어 꽹과리 소리로 번질 때/ 나무는 들은 말 새지 않게/ 나이테로 겹겹이 감싸 안는다/ (중략) / 그대 사랑한단 말 아궁이/ 물같이 끓여 나무에게 했으니/ 그대 사는 마을 숲에 사랑 있으리/ 가문 날에도 마를 줄 모르고/ 눈 오는 날에도 추위 타지 않는/ 사랑아 사랑아 숲 같은 사람아"

이쯤 되면, 강의실은 낮별이 여럿 뜬 허공과 같다. 나는 학생이 되고 학생은 내가 되어 허공을 비행한다. 사우의 날개를 달고. 이런저런 연유로 학습이 단절된 세월이 길었던 이들이 갈증을 느끼는 건 우선 책을 읽고 글을 쓰는 것이다. 하루도 빠뜨리지 않고 내가 하는 이른바 'W-R-W-E'를 공유한다. 'W-R-W-E'는 쓰기(Writing), 읽기(Reading), 걷기(Walking), 오장육부 비우기(Emptying)이다.

지난주부터 에세이를 쓰기 시작한 학생이 늘었다. 우리는 각자 한 국가이다. 한 나라에서 일어난 일을 기록하지 않으면 역사가 되지 않는다. 우리는 각자 삶의 경영자다. 삶 역시 기록하지 않으면 무늬로 남길 수 없다. 기록을 통해 성찰하고 성찰을 통해 자성하며, 자성의 통로로 앞발을 딛고 나아간다. 어떤 학생은 일주일째 에세이를 쓰면서, 자신에 대해 점점 이해하고 있다며 입꽃을 피웠다. 입꽃은 행복한 마음을 품은 사람이 길러낸 꽃이다. 삶이 늘 봄일 수밖에.

다음으로 느끼는 갈증은 나이 먹고도 신학이나 사회복지와 같은 공부를 감당할 수 있겠느냐는 것이다. 공자 말에 따르면 배우고 때때로 익히면 기쁘다고 했다. 때때로는 특정한 때를 일컫는 게 아니라, 평생학습을 의미한다. 문제를 절박하게 인식하면 해결하는 문을 찾고 그렇지 않으면 핑계의 벽을 만든다. 자신의 학습 역량에 관해 고민하면서 손 놓고 있으면, 마음이 묵정밭이 될 수밖에.

시간은 자신이 창조적으로 만들어 쓰는 것이다. 일의 순서를 정하여 당장 해야 할 것과 나중에 할 수 있는 것. 붙잡아야 할 것과 미련 없이 버려야 할 것. 자신이 할 일과 가족이나 다른 사람과 협업해야 할 것 따위를 키질하듯 분류하여 틈을 만들어야 한다. 틈은 누가 만들어주지 않는다. 자신이 틈을 만들어 틈새에 뿌리내려야 한다. 시간을 잘 경영하면 시간의 여행자가 되지만, 그렇지 않으면 시간에 쫓겨 사는 시간의 수배자가 된다.

학생들에게 직업이 무엇이냐고 물으면, 대부분 생업을 얘기한다. 학생이란 신분은 멀리 두고. 앞으로 프리랜서 겸 삶의 경영자라고 말하라 했다. 리포트로 명함을 만들어 내라고 하자, 몇몇 학생 표정이 구겨졌다. 일회용으로 하지 말고 인쇄소에 가서 만들라는 게 쑥스러웠을까. 명함 만드는 게 싫으면 4년 동안 어떻게 공부할 것인지 학업 계획서를 50매로 쓰라고 했다.

우리가 공부하는 것은 삶을 여행하는 길 찾기다. 자신이 프리랜서이며 삶을 경영하는 사람이라고 주문하면, 언젠가 그렇게 된다. 반복하여 한 말은 씨가 되지만, 글을 반복하여 쓰면 종자가 된다. 종강할 무렵, 여러 프리랜서가 만든 명함 속에 어떤 삶의 종자가 싹을 틔우고 있을까.

안개 걷힌 고덕산 정수리에 앉은 볕이 파도의 윤슬같이 눈부시다.

2023. 9. 17.

글쓰기의 강

강의실 창밖으로 눈발이 봄꽃같이 휘날린다. 엊그제 개강한 것 같은데, 오늘 종강이라니. 지나고 나면 시간은 세월이 되고 세월은 추억의 집을 짓는다. 글쓰기 교과목 가운데 하나인 〈자기 표현적 글쓰기〉를 수강하는 학생은 매주 리포트를 쓴다. 자신이 쓴 글을 각자 발표하고 다른 사람이 발표한 글을 귀여겨듣는다. 성적은 중간고사나 기말고사를 치르지 않고 리포트로 평가한다.

수강생 22명 가운데 장애인 학생이 9명이고 만학도가 3명이다. 장애 정도가 심한 네 사람은 학습동행자 도움을 받는다. 학습동행자는 5명이다. 오늘은 글을 쓰지 않고 한 학기 동안 수업하면서 느낀 것을 수강생과 학습동행자가 함께 발표했다. 강의실이 이야기꽃으로 화사하다.

○○이는 사회복지학과 4학년이다. 지적장애가 있다. 사회에 나가 사회복지사로 일하고 싶다며 눈물을 흘렸다. ○○는 심리상담학과 2학년이다. 어렸을 때 선교사인 부모님을 따라 러시아에서 오래 살았다. 러시아와 우크라이나가 서로 싸우는 통에 귀국했다. 문예창작학과를 가려던 꿈을 접었으나, 글 쓰는 것이 재미있다. 자신의 그릇된 글쓰기 습관을 고칠 수 있어 좋았다.

사회복지학과 1학년인 ○○는 자신이 주장하고자 한 것을 명료하게 한다. 장애를 가지고 있다는 게 믿을 수 없을 것만큼. 글을 잘 쓸 뿐만 아니라, 발표도 당당히 잘 한다. ○○는 심리상담학과 1학년이다. ○○이와 함께 모 시설에서 생활한다. 둘은 학습동행자 선생님 도움을 받으며 수업을 듣는다. 리포트 내는 날짜를 한 번도 어기지 않았다. 처음에는 사람 앞에 나서는 것을 힘들어했지만, 매주 발표하면서 자신감이 생겼다. 발표하는 것을 이제 즐긴다.

○○이는 사회복지학과 1학년이다. 장애가 있어 학습동행자 선생님 도움을 받는다. 인사를 어떻게 잘하는지 인기가 많다. 바리스타 자격증을 땄다. 일기를 날마다 썼다. ○○ 학생은 이순이 넘은 만학도이다. 몇 해 전, 의료 사고를 당해 앞을 보지 못한다. 사고를 겪은 이후, 절망하여 한동안 밖으로 나오지 않고 두더지같이 살았다. 우리 학교를 졸업한 주변 사람 몇이 권유하여 입학했다. 강의시간에 눈물의 둑을 자주 무너뜨린다. 자신을 드러내면서 마음을 치유하였다.

○○는 신학과 2학년이다. 장애가 심하다. 어머니가 학습동행자 역할

을 맡고 있다. 핸드폰을 잠시도 손에서 내려놓지 않는다. 다른 학생이 글을 발표할 때마다 배경음악을 켠다. ○○이는 심리상담학과 2학년이다. 코로나에 감염된 뒤, 몸이 많이 쇠약해졌다. 다른 사람 앞에 나서는 게 자신 없고 부담스럽다. 여러 사람이 발표한 글을 읽거나 들으며, 사람을 이해하는 힘을 길렀다.

○○는 신학과 2학년인 만학도 학생이다. 지난 학기 〈논리적 글쓰기〉에 이어 이 교과목을 수강했다. 매주 수업 시간이 한 편의 드라마 같았다고 고백했다. ○○이는 심리상담학과 1학년이다. 매주 글을 쓰면서 자신을 돌아보고 자신을 객관적으로 이해했다. ○○ 학생은 오래전, 사회복지를 전공했다. 쉰 고개를 넘어 성악을 하려고 음악학과에 입학했다. 매주 글 쓰는 것이 힘들었지만, 글을 쓰면서 자신을 알고 다른 사람과 관계를 회복하였다.

○○ 학생은 신학과 1학년이다. 마흔이 갓 넘은 나이에 입학했다. 20년 이상 분장사로 일하며 공부하고 있다. 지난 학기 〈논리적 글쓰기〉에 이어 이 과목을 수강했다. 글 쓰는 능력이 수준급에 이르렀다. 강의 내용을 녹음하여 여러 번 반복하여 들을 정도로 열정이 대단하다. ○○는 사회복지학과 3학년에 편입했다. 마땅히 들을만한 과목이 없어 신청했는데, 매주 글을 써야 한다는 걸 알고 후회했다. 지금은 글을 쓰면서 많은 것을 깨달아 행복하다.

○이는 대인기피증이 있다. 발표 순서가 되면 이런저런 핑계를 대며 빠져나가느라 힘들었다. 막판에 이르러 속에 있는 걸 꺼내니 후련하다

며 눈을 적셨다. 모든 학생이 손뼉을 치며 응원했다. ○○ 학생은 신학과 2학년이다. 몸이 불편에 목발에 의지해야 한다. 이런 몸으로 경기도에서 학교까지 오가는 게 힘들었다. 게다가 코로나에 걸리고 딸 입시로 인해 공황장애를 앓았다. ○○이는 실용음악학과 3학년이다. 자신을 잘 표현하지 못했는데, 이제 자신을 드러낼 용기가 생겼다. 그동안 장애인에 대해 가졌던 편견을 허물었다.

김○○ 선생님은 ○○의 학습동행자이다. 시 낭송가로 활동한다. 박노해 시인의 「사랑은 끝이 없다네」를 멋있게 낭송했다. 강○○ 선생님은 ○○의 학습동행자이다. 심리상담 대학원에 다닌 이력 때문인지 ○○의 마음을 잘 읽는다. 노○○ 선생님은 ○○의 학습동행자이다. 강의를 통해 삶의 시선을 자신에서 타인으로 돌리는 계기가 되었다. 이○○ 선생님은 ○○의 학습동행자이다. 내년에 사회복지학과에 입학하여 공부하려고 한다.

강의 때마다 몇 학생이 간식을 잇대어 마련했다. 무슨 이야기든 귓문을 열어 마음을 적셨고 누구든 발표를 마치면 박수를 보냈다. 위로하거나 힘을 북돋우는 말을 게을리하지 않았다. 눈물을 흘리는 학생에게 손수건을 건넸고 따스하게 품어주었다. 좋은 글은 문장력이 좌우하지 않는다. 생각을 건강하고 아름답게 해야 한다. 박제화한 생각의 틀을 깨뜨리고 유연해야 한다. 사람이나 사물을 보는 눈빛을 온기로 가득 채워야 한다.

〈당신은 사랑받기 위해〉를 합창하며 마지막 시간을 갈무리했다. 1월부터 방학 글쓰기 특강을 하려고 한다. 문학동아리 수업도 여전히. 종강은 잠시 호흡을 고르는 쉼표일 뿐, 글쓰기의 강은 가물지 않고 싸목싸목 흐를 것이다.

2022. 12. 12.

5부

가을에 만난 공자

고덕산이 머리에 이고 있는 물감 항아리를 엎지르기라도 한 것일까. 정수리와 이마, 가슴, 복사뼈까지 적신 색깔이 한 살림이다. 강의실로 가는 길목마다 낙엽이 목멘다.

여러 강의 가운데 마음의 자성이 작동하여 특별히 끌리는 게 있다. 오늘 강의하는 '자기 표현적 글쓰기' 반이 이 축에 속한다. 간호학과 학생 팔 할에 신학과·심리상담학과·사회복지학과·운동처방학과 학생 몇이 끼어 고샅의 돌담과 같다. 여기에 만학도가 사 할쯤 차지한다. 강의하는 동안 경청과 공감의 강이 유유히 흐른다.

글쓰기 이론에 대해 강의한 것을 바탕으로 이번 주부터 각자 쓴 글을 발표한다. 오늘 주제는 자신에게 쓴 편지이다. 자신을 여러 사람 앞에서 드러내려면, 우선 용기를 내야 한다. 어떤 사람은 글을 쓰는 것보다 마음의 자물쇠 푸는 것을 더 힘들어한다. 글을 쓰는 궁극적인 일은 글치를 넘어 삶을 잘 경영하려는 것이다. 강의를 듣는 학생에게 날마다 에세이를 쓰라고 한 것도 이런 뜻에서 비롯했다.

○○는 간호학과 1학년이다. 만학도지만 살아온 나이테를 난 모른다. 강의를 시작하기 전, 오늘 근무하는 곳에서 5년 장기근무 표창식이 있다며 좀 일찍 가도 되느냐고 물었다. 요양병원에 근무하면서 늦은 나이에 간호학을 공부하는 고단함을 몇 줄 읽었다. 강의시간에 눈 지붕 한 번 허물지 않았으니, 그의 성실함과 의지가 어느 정도인지 헤아릴 것 같다. 「아직도 소통이 어려운 나에게」라는 글을 읽는 내내 눈의 처마에서 비를 뿌렸다. 다짐으로 마무리한 글같이 순간순간의 위기를 딛고 삶을 잘 풀어가기를.

○○이 역시 간호학과 1학년 만학도이다. ○○와 함께 요양병원에서 근무한다. 「두려움」이란 제목으로 글을 썼다. 오래전 집에 혼자 있을 때 텔레비전을 켜놓지 않으면 불안하다고 말한 게 떠올랐다. 두려움의 근원이 무엇인지 귀여겨들었다. 과제하거나 발표하는 것이 어렵고 두렵다고 했다. 지금은 자신을 지지하고 사랑하면서, 당당하게 나아가는 자신을 응원한단다. 앞으로 많은 사람에게 영감과 희망을 주는 삶을 살 수 있다고 자신을 믿었다. "사랑한다. ○○아."로 마무리한 글이 오래 뒤를 돌아보게 한다.

○○이는 화가를 꿈꿨다. 일본에 가서 그림을 공부했다. 내년에 간호학과 3학년이 된다. 「가을 끝자락에서 쓰는 편지」를 통해 염려를 많이

드러냈다. 병원에 가서 실습을 잘할 수 있을지, 성적을 좋게 받을 수 있을지, 대인관계를 모나게 하지 않을지. 일어나지 않을 일을 미리 걱정하지 말자고 한 다짐이 빛났다. 간호학과에 입학할 당시 먹었던 맘에 금이라도 가지 않을까, 자신을 단단히 죄는 힘이 탄력 있다.

○○이는 「가을 편지」를 썼다. 유별스레 꿈을 많이 꾸었다. 화가, 인테리어 디자이너, 유치원 교사에 이르기까지. 간호사인 어머니를 보고 꿈을 한데 응집했다. 어머니는 자신의 꿈을 이정표같이 이끌어주었다. 어머니는 탯줄 자른 것으로 이름을 다한 게 아니다. 모성은 젖을 물린 것으로 끝나지 않고, 삶의 영양분을 몸으로 평생 주는 것이다. 꿈은 우리가 절박하게 보고 듣는 대로 이뤄진다. 수능성적에 맞춰 꿈을 설계하지 않고, 어머니와 같은 간호사를 꿈꾼 게 지금 행복하다. 어렵게 공부하여 의료 현장에 취업한 간호사의 이직률이 높은 게 단순히 환경 탓일까.

○○이는 간호학과 1학년 만학도이다. 앞에서 말한 ○○, ○○와 같은 요양병원에서 일한다. 「모든 게 서툰 너에게」라는 글을 썼다. "복주머니를 손에 움켜쥐고 태어난 너."로 시작하여, "인생은 누구나 서툴러."로 마친 글은 길지도 짧지도 않았다. 두 아이에 대한 모성이 반짝였다. 세상을 살다 보면, 우리는 끊을 수 없는 끈으로 엮여 힘을 다시 낸다. 사는 게 너무 숨 막혀, 한 번쯤 큰 나무를 찾거나 강가에 나선 일이 있을 게다. 이때 그 길을 돌아오게 해 준 게 피붙이다.

○○는 초등학교 때 시작한 야구를 고등학교 때까지 8년 동안 했다. 1년 전, 낙엽비가 내렸던 가을에 유니폼을 벗었다. 「성령의 힘으로 환자를 돌보는 간호사와 선교사」라는 글을 썼다. 날마다 1,000개에서 2,000

개에 이른 공을 던지고, 방망이로 이 숫자만큼 공을 쳤다. 선교사가 되려고 야구선수를 그만두었다. 야구하면서 받은 환호와 칭찬은 자신을 돈과 명예를 좇는 노예로 만드는 것 같았다. 하나님보다 세상적인 것을 꾀하는 속물이 될 것 같아 간호사로 꿈을 바꿨다. 절박하게 공부하여 성적장학금을 받았다. 주님께서 베푸신 것같이 약한 자를 돌보며 사는 선교사가 되려는 그의 꿈이 지지 않기를.

○○이는 신학과 1학년이다. 「사람을 낚는 어부의 계절을 보내며」라는 글을 썼다. 아름다운 자연을 보며, 자신은 예수님의 옷을 입고 있다고 고백했다. 예수님을 사랑하지만, 죄 가운데 여전히 있는 자신을 회개했다. 신학도의 길이 쉽지 않은 길이지만, 넓은 품으로 맞아줄 예수님을 생각하며, 한길만 가겠다는 것이다. ○○이 어머니에게 전화를 연결했다. "딸 잘 기르셨습니다." 수강생이 모두 박수했다. "감사합니다. 감사합니다." ○○이 어머니의 목소리가 촉촉했다.

○○이는 운동처방재활학과 3학년이다. 군대에 다녀왔다. 순창에서 매일 학교를 오간다. 하룻날도 지각하거나 결석한 일이 없다. 세상 살면서 처음으로 글을 썼다. 여자 친구를 아찔하게 아낀다. 여자 친구에게 잘하여 자신을 선택한 사람에게 행복을 선물하겠다고 글을 마쳤다. 사랑은 뜨거운 힘이 나게 하는 근원이다. ○○이의 성실한 모습을 보면, 못할 일이 없을 것 같다.

○○이는 심리상담학과 1학년 만학도이다. 이순을 넘었다. 서른 후반에 덩그러니 혼자가 되었다. 남은 아이 둘을 보며 비바람을 견디고 세찬 파도를 넘었다. 이런 엄마를 보고 아이들은 사춘기도 걸렀다. 십 년

넘게 병치레를 한 딸은 몸이 나아져 결혼했다. 손녀를 선물했다. 아픔을 꽃무늬로 승화하면서 살아온 삶이 지금은 축복이다. 고통은 아무 집에나 발을 들이지 않는다. 자신을 알아볼 줄 아는 사람을 찾는다. ○○이가 통증을 애써 참으며 글을 다 읽고 나자, 강의실은 박수로 가득했다.

강의실에서 만난 사람은 학생이 아니라 공자였다.

2023. 11. 5.

학교

올 4월쯤 큰아들이 목사 안수를 받는다. 아비가 돈벌이 되는 일과 담쌓고 시의 옷소매나 붙잡고 사는데, 녀석은 아비보다 더 험한 길로 들어섰다. 아내가 서원하여 가는 길이다. 믿음이 마늘 반쪽도 되지 않는 아비의 마음은 아직 바람 부는 날 우듬지와 같다.

고등학교를 기독교 특성화 학교에 보냈다. 입시에 대한 부담으로 아들의 영혼이 찌들까 봐, 초등학교 4학년 때 미리 맘먹었다. 녀석은 책을 읽거나 글 쓰는 것을 좋아했지만, 수학은 배추벌레보다 싫어했다. 수학을 포기한 사람, 이른바 '수포자'가 이름 있는 대학에 입학하기 어렵다. 웬만한 아비 같으면 학원을 보냈거나 과외라도 시켰을 텐데. 아들에게 수학을 포기하라고 했다. 대신 책을 읽고 글을 쓰게 했다. 담임선생님을 찾아가 수학을 포기한 아들을 나무라지 말라고 부탁까지 했으니. 오랜 시간이 흘렀지만, 뒷머리에 선생님의 시선이 아직도 뜨겁게 박혀 있다.

녀석은 학교보다 식당에서 아르바이트하면서 배운 게 더 많다. 군대에 가기 전, 집 인근에 있는 식당에서 아르바이트했다. 순두부로 이름난 곳이라 손님이 늘 쾌분잡하다. 순두부를 담은 뚝배기는 뜨겁고 무겁다. 자칫 실수라도 하면 화상을 입으므로, 여간 쉽지 않은 일이다. 일을 마치고 돌아오면 양팔에 파스를 도배하다시피 했다. 일주일만 하겠다고 시작하더니, 주 5일간 하루도 빠지지 않고 석 달 동안 일했다. 안쓰러운 마음 반, 철드는 모습에 흐뭇한 마음 반이었다.

함께 일한 아르바이트생 대부분은 주인과 일하기로 약속한 기일을 잘 지키지 않았다. 한 달 동안 일하겠다 하고서, 일주일만 일하고 돈을 받은 뒤 사라졌다. 관광차가 들어오면 손님이 한꺼번에 들이닥친다. 이럴 때 식당일 하는 사람은 정신없고 힘들다. 눈치깨나 있는 아르바이트생은 때맞춰 화장실에 생똥을 싸러 간다나. 녀석은 이런 축에 있는 사람을 주인인 양 못마땅해했다.

한 달이 지나자 주인이 다른 아르바이트생보다 시급을 올려줬다. 녀석이 주인에게 말하여 더 받은 셈이다. 열심히 일한 만큼 보상해달라고 한 것이다. 주인과 말이 통했던지 말풍선 하나 만들지 않고 들어줬다. 주인이 한 달 치 보수를 주겠다고 했으나, 녀석은 일을 그만둘 때 한꺼번에 받겠다며 미뤘다. 식당일을 마치고 돌아오면 식당에서 있었던 일을 무용담같이 늘어놓았다. 생각의 우물이 깊어지고 세상을 보는 시야의 평수가 넓어졌다.

순두부를 먹으러 온 사람 가운데 일부는 음식 이름과 달리 순하지 못한 사람이 있다. 아르바이트생이 자신보다 나이가 어리다는 이유로 말을 함부로 한다. 말의 각이 뾰쪽하다. 사람을 부르는 것인지, 개를 부르는 것인지 헷갈릴 정도로 말이 천박하다. 청유형은 말의 체온이 따스하고 명령형은 말의 색깔이 칙칙하다. 식당에서 일하는 사람을 부를 때, '여기요'라는 말을 쓰면 큰 탈 없지 않을까. 우리가 경작하는 언어의 밭이 너무 척박하다. 오죽했으면, 『말의 온도』나 『어른의 말』과 같은 책이 나왔을까.

일 년에 몇 차례 아들과 식당에서 밥을 먹는다. 서울에서 사역하므로 자주 만나지 못한다. 녀석은 밥을 먹고 나면, 남은 음식을 치우고 그릇을 깨끗이 정리한다. 계산하고 나올 때는 맛있게 먹었노라고 감사하는 마음을 드러낸다. 며칠 전, 문학회 회원 몇 사람과 모 식당에 들러 점심을 먹었다. 모 이름 자 뒤에 붙인 '집밥'은 찬마다 어머니의 손맛이 우러나왔다. 농으로 소문을 듣고 대전에서 왔다고 했더니, 여주인의 낯꽃이 화사하게 피었다. 식사를 마치고 아들이 한 행동을 그대로 복사했다. 주인의 입꽃이 눈썹에 걸렸다.

지식은 머리로 배우기도 하고 몸으로 터득하기도 한다. 머리로 깨우치든 몸으로 배우든 삶 속에 풀어써야 한다. 삶과 등 돌린 지식은 박제화한 공식으로 존재할 뿐, 우리 삶을 유쾌하게 만들지 못한다. 사람을 먼저 공부하고 나서 남은 힘으로 글을 공부하라고 했던가. 공자의 가르침은 케케묵게 끓는 청국장 냄새와 같은 것일까.

운동장이 있고 교실이 있어야만 학교가 아니다. 칠판이 있고 책걸상이 있어야 교실이 아니다. 책이 있고 사서가 있어야 도서관이 아니다.

삶의 현장이 진정한 학교이다. 사람이 있는 곳이 교실이다. 사람이 모여 사는 마을이 도서관이다. 아들은 식당이 학교였고 교실이었다. 식사하러 오는 사람이 책이었고 식당이 도서관이었다.

오늘 문학동아리 회원이 쓴 글을 보며 수업했다. 방학인데도 한두 번 거르고 매주 만났다. 등단한 작가 두 사람에다 등단을 준비하는 예비작가 세 사람과 함께. 여태 이들을 가르치는 선생이라고 생각했다. 이들이 선생이라고 생각을 바꾸니, 학교이자 교실로 보였다. 한 사람 한 사람이 시집이고 도서관이었다.

사람이 책이다. 사람이 도서관이자 학교이다.

2023. 02. 27.

예순다섯의 아이

효리와 순심이는 남한강 가장자리에 있는 밤나무 숲에서 산다. 효리는 세상에 온 지 10년째고 순심이는 이태가 되었다. 족보를 밝히자면, 순심이는 효리의 딸이다. 소로 태어난 이들은 수영 씨를 이모라고 부른다.

수영 씨는 경쟁을 앞세우며 숨 가쁘게 사는 도시 생활의 쪽수를 접고 고향으로 돌아와 밤 농사를 짓는다. 조카인 효리와 순심이 말고도 두 마리 말과 세 마리 개를 식구처럼 대하며 지낸다. 이들의 목에 고삐를 채우지 않고 풀어서 기른다. 날카로운 뿔을 가진 효리나 순심이를 어린아이처럼 살갑게 대한다. 수영 씨는 뿔을 뿔로 보지 않고 터럭 하나쯤으로 여긴다. 효리와 순심이 눈빛만 보고도 무슨 말을 건네는지 곧잘 알아챈다. 소의 입장을 먼저 헤아린다.

스리랑카에서 자비량으로 선교하는 처제와 손아랫동서가 여권 문제로 잠시 귀국했다. 처형이랑 모처럼 만나 바닷바람을 쐬러 간다며, 아내가 스물아홉의 어린 아들을 봐줄 수 있느냐고 했다. 특별하게 잡은 일정이 없어 단번에 그러겠다고 했다. 부모님은 날이 갈수록 꽃잎을 달지 못한 복숭아나무 가지처럼 야위어간다. 눈길과 말문이 막히고 말귀를 알아듣지 못한 아들을 부모님께 맡기는 것이 짐인지라, 작업실로 데리고 나왔다. 현관에서 주차장까지 나오는 일이 첩첩의 산을 넘는 것과 같다.

예닐곱 살밖에 되지 않은 몸으로 버티는 힘이 바윗덩이다. 손을 잡는 족족 긁어 팔 때마다 낮별이 반짝인다. 수영 씨가 기르는 소보다 더 말이 통하지 않는 절벽이다. 차에 겨우 태우자마자, 매미같이 달라붙어 온몸을 꼬집기 시작한다. 새벽마다 아들을 위해 기도했던 기도문이 머릿속에서 지워지며 소리가 뾰쪽하게 분출한다. 10여 년 전에 지능이 돌 지난 아이 수준밖에 되지 않는다고 들은 말을 먼 데 던져버렸다.

돌 지난 아이와 예순다섯의 아비가 싸운다. 돌 지난 아이에 맞춰 돌 지난 아비가 되어야 마땅한 데도. 돌 지난 아이가 독하게 세운 손톱에 예순다섯의 아비가 고함을 지르며 내놓은 방패가 감꽃같이 떨어진다. 눈먼 아들을 데리고 4층에 있는 작업실 계단을 오르자 등에 땀이 흥건하다. 예순다섯의 소년이 돌 지난 황소를 끌고 황톳길을 걷는 것 같다. 자신을 때리고 소리를 지르며 버틸 때마다, 소 발길에 차이고 소뿔이 몸 곳곳에 박힌 듯하다.

집에서 아내가 그러하듯이, 음악상자에서 동요를 꺼내 아들에게 건넨다. 오랜만에 듣는 동요. 두더지같이 숨은 동심이 상추 뿌리를 들뜨며 일어설 줄 알았는데, 무엇인가에 그냥 눌러 밟힌다. 오던 길에 산 죽을 한 입 한 입 물리자, 제비 새끼같이 목젖을 보인다. 생기다가 만 치아로 씹을 수 있는 것은 물밖에 없다. 손사래 치며 죽을 거부할 즈음, 물을 주자 단숨에 삼킨다. 물 넘어가는 소리가 거침없다. 스물아홉 해째 무엇보다 앞이 늘 캄캄했으므로, 환한 대낮인들 땅속보다 어둑하리라는 아픔을 씻어내리듯이.

글 나부랭이에 들러붙어 지내는 나는 두더지일지 모른다. 아들의 어둑한 눈을 뚫어 빛 한 줌 넣어 주지 못하고 있으니. 거북 등 같은 터널 한 길 내어주지 못하고 박쥐같이 물구나무를 세우고 있으니. 아니 품으로 여긴 동굴의 아이를 동굴 밖으로 내쫓은 것은 아닐까. 아들이 잠시 고요를 만든다. 피아노 앞에 4분 33초 동안 앉아 있다가 아무 연주도 하지 않고 자리를 뜨는 존 케이지의 피아노곡처럼. 소리를 꼭 내야 음악이 아니다. 이 틈새를 놓치지 않고 읽던 시집을 넘긴다. 돌 지난 아이와 예순다섯 살의 아이가 싸웠던 얼마 전의 과거가 이 시와 만남의 물꼬를 튼 것은 우연일까.

이생진 시인이 쓴 「두 살짜리 아이와 예순여섯 살짜리 아이」가 마음속으로 걸어온다. "두 살짜리 아이하고/ 예순여섯 살짜리 아이가 동화책을 읽는다/ (중략) / 두 살짜리 아이는 그림을 자세히 읽고/ 예순여섯 살짜리 아이는 글자를 듬성듬성 읽는다/ 곰돌이가 나비를 잡으려다 웅덩이에 빠지는 장면 앞에서/ 두 살짜리 아이는 금방 웃고/ 예순여섯 살짜리 아이는 무표정으로 책장을 넘겼다" 스물아홉 살짜리로 살지 못한 아들을 돌 지난 아이로 보지 못했다. 아들의 세계에 존재하는 그림을 글씨로 건성건성 넘겼다. 아들의 언어가 구체적인 음성 언어가 아니라는 사실을 그림처럼 읽지 못했다. 시인은 시 마지막을 이렇게 끝낸다. “두 살짜리 아이는 크면서 예순여섯 살짜리 아이를/ 멀리했다.” 상상의 어금니로 이 구절을 잘게 씹을 때마다 치통이 발아한다.

손을 뻗으면 머리가 닿을 만한 침대에 아들이 이불을 뒤집어쓰고 있다. 예순다섯의 아이와 싸우느라 지쳤을 법하다. 예순다섯의 아이와 맞닥뜨렸을 때 황소 같았던 아이가 이불이라는 땅속에 숨은 두더지 같다. 아니 어두한 동굴에 거꾸로 매달린 박쥐 같다. 수영 씨는 소도 바깥세상을 그리워한다고 했다. 밤 농사를 10년째 지으면서 밤나무가 말하는 소리를 듣는다고도 했다. 삽질하다가 삽자루의 못이 빠져 삽에 못질해야 할 때가 있다. 땅을 파는 것은 땅의 마음, 땅심을 뒤집어 알아내는 일이다. 잘 판 땅은 삽의 흔적을 깊게 새긴다. 사람 마음도 이와 같지 않으랴.

저녁놀에서 아궁이의 나무 타는 냄새가 날 즈음, 아내가 서해의 갯내음을 서 말 두 되쯤 안고 돌아왔다. “훈용아, 엄마 왔다.” 아들이 이불을 벼락같이 내던지고 입꽃을 구천 송이나 피우며 일어난다. 나는 모성 한 알 낳지 못하는 예순다섯 불임의 수컷 아닐까. 차 안에서 녀석이 반 뼘밖에 되지 않는 발을 자꾸 내민다. 잠투정의 시작이다. 벗기고 벗겨도 냉기가 양파같이 매운 발이 효리와 순심이의 혀처럼 따습게 말린다.

수영이 이모는 지금 무엇을 하고 있을까.

2025. 1. 20.

슬픔의 시제

눈물은 어느 시간을 입고 흐를까.

나무가 잎을 꽃의 행색으로 바꾸고 좀체 오지 않을 것 같은 한 해의 끝물이 작은 괄호처럼 조여 온다. 이즈음에 청첩장을 많이 받는다. 우리 연배에 자녀 결혼이 잦다. 먹고살기 힘든 세대가 짝을 맞춰 한 가정을 이루는 것만으로, 의자에서 일어나 박수할 일이다.

특별히 시월과 11월엔 주말마다 두세 장의 청첩장이 빈 책장의 책처럼 와서 꽂혔다. 아들의 결혼 소식을 알리는 청첩장을 받으면, 서른 초반인데도 아직 결혼에 관심이 전혀 없는 큰아들이 떠오른다. 교회 일을 한답시고 1년에 얼굴 한 번 볼까, 말까 하며 사는 통에 아들인가 싶을 때가 있다. 여자 친구를 진득이 사귀지 못하고 이름이 자주 바뀐다. 여자 친구에 관해 묻는 걸 순교할 수 있느냐고 질문하는 것보다 싫어한다. 이런 아들도 어차피 아들이다.

문제는 딸 결혼을 알리는 청첩장을 받을 때다. 참척지변의 고통을 두 번이나 겪은 아비로서 오랫동안 결혼식장에서 발길을 끊었다. 몇 해 전이었을까. 친구가 딸 결혼식 때, 축시를 읽어 달라고 부탁했다. 엉겁결에 그렇게 하마 해놓고 몇 날을 앓았다. 밤마다 꿈속에서 두 딸이 찾아왔다. 산소호흡기를 꽂고 도착하기도 하고 웨딩드레스를 입고 나타나기도 했다.

약속을 물릴까 하는 생각에 여러 차례 마음에 바람이 불었다. 시의 초고를 읽으면서 눈물이 찰랑거렸고 아픔의 냄새가 코를 후볐다. 이러다가도 얼음덩이같이 마음이 차갑게 내려앉았다. 눈물도 기댈 언덕이 있어야 흐른다. 아픔이 북채가 되어 마음을 때리면 온몸에서 큰북 소리가 난다. 눈에서 북소리가 흐른다. 새소리 같기도 하고 올무에 걸린 짐승 소리 같기도 하고.

마침내 시를 낭송하는 시간. 신부 부모 자리에 앉아 있는 친구의 눈이 떼로 빛나는 불빛에 반짝이는 걸 봤다. 고요하기보다 은밀하게 흐르는 샛강의 물, 눈물이었다. 잇대어 백합으로 피어 있는 신부를 보자, 피아노 소리에 올려놓은 시가 자주 휘청거렸다. 발걸음이 먹먹해지다가 비뚤어지기를 되풀이하다 닫혔던 억장이 그만 무너졌다. 이때다 싶게 친구가 울고 신부가 우는 바람에 결혼식장이 물그림자로 덮였다. 이날 이후 결혼식장에 가는 발그림자를 지워버렸다.

얼마 전, 제자의 딸이 결혼했다. 개인 작품집을 발간하고 나서 치른 혼사였다. 청첩장을 받고 빠져나갈 틈에 관해 궁리했다. 마른 마당은 먼지가 수북하므로 물을 뿌리고 쓸어야 한다. 이런 요량으로 지기인 작가와 몇몇 제자가 참여한다고 하여, 읽다 만 시집같이 궁리를 접었다. 예식장은 동백이 만발한 어떤 섬처럼 사람으로 범람했다. 제자와 제자의 부군에게 인사하고 신부는 차마 보지 않았다.

이날 밤도 어김없이 딸들이 찾아왔다. 첫눈보다 하얀 드레스를 입고. 양지에 쌓인 눈처럼 시나브로 녹아내렸으면 좋으련만. 볕 한 점 들지 않는 뒤란의 눈사람같이 몇 날이 추웠다. 마른 옥수숫대 정수리에서 새가 쉰 목소리로 울다가 갔다. 잠시 잠들었던 아픔이 선잠을 깨고 일어나 지금을 앓았다. 아픔은 글씨 모양 하나 바꾸지 않고 알겯는 소리를 냈다. 이 통에 유일하게 곁이 되어준 게 글이다. 아픔의 늪에서 벗어나려고 치열하게 길에 올랐고 글을 절박하게 썼다. 제자와 두 딸이 준 선물이다.

바로 며칠 전, 지기인 작가의 딸이 결혼했다. 순천에 사는 조카딸과 결혼식이 겹쳤다. 이 궁리 저 궁리하다가 먼 섬으로 있기로 했다. 작가한테는 순천에 간다고 하고 순천 조카에게는 다른 데 간다고 해놓고.

"외롭다고 섬에 들지 마라/ 섬에 막상 발을 들이면/ 떠나온 곳이 다시 섬이다/ 간절하게 들리는 섬이란/ 호칭, 한자리에 오래 서서/ 닳을 줄 몰라 부디 눈물겹다/ 흐르고 흐르다가 부표처럼/ 둥둥 섬, 이토록 부유의/ 자세로 가라앉지 않는 말/ 삶이란 막막한 바다에서/ 몇 날쯤 부끄럽지 않았을까"

-(시 「섬」 전문)

마음이 출렁이면 파도 그득한 바다가 된다. 먼 섬은 닳지 않고 온몸의 감각이 박탈되면서 가라앉지 않는다. 섬은 눈물 같은 바다에 배처럼 떠서 생존에 고도로 집착한다. 눈물을 붙잡은 주먹을 풀지 않고 마주한 그리움이 등을 돌려 아련하다. 눈을 감으면 가직하게 다가오고 눈을 뜨면 더 명료해지면서. 얼마나 더 몸부림쳐야 슬픔을 먼 섬으로 떨칠 수 있을까. 얼마나 더 불면해야 슬픔의 시제를 과거로 영영 묻을까. 동화하지 않을 듯한 눈물과 힘이 촘촘하게 역설로 어울린다. 괜찮지 않으면서 아무렇지 않다고 말할 힘을 눈물이 맑게 만든다.

잠시 잠깐 과거였다가 바로 현재가 되는, 현재였다가 다시 과거가 되는 눈물로 글을 씻는다. 무릎처럼 직립했다가 이마까지 이불을 뒤집어쓰고 한소끔 잠든 슬픔은 농담하지 않는다. 진지하게 안녕할 뿐. 불경하게 평화할 뿐.

청첩장이 또 하나, 사립문을 열고 들어온다.

2024. 12. 17.

생각이 돌아오는 시각

저물녘, 길에 오르려고 나선다. 하늘은 맑은데 앞은 흐릿하다. 요런, 책을 보면서 쓴 돋보기를 끼고 그대로 나온 게 아닌가. 순간 발의 지느러미가 묵직하다. 안경을 가지러 되돌아가는 게 마뜩잖아 역류를 포기한다. 저녁노을이 꽃같이 피어 화사하다.

사람 사는 마을의 바깥 허공에 잠시 잠깐 핀 꽃이 지면, 어둠이 묵직하게 짙어질 거다. 길에 홀로 흐르면 바람과 별과 물소리와 풀잎의 호흡과 섞을 수 있어 고상하게 외로워진다. 돋보기에서 느낀 불편 지수가 무감각하게 지워진다. 세상을 세밀하게 보는 힘은 시력이 아니라, 심력이 아닐까.

이맘때면 수많은 사람이 노동의 쪽수를 접고 귀갓길에 오른다. 철없이 집을 나간 생각도 석양에 묻혀 돌아온다. 선하게 품은 생각도 있지만, 때때로 울퉁불퉁하게 방목하는 생각도 있다. 돌아오는 생각을 말 한 마디라도 따시게 하면서 잘 맞아야 한다. 시방 목마르지 않은지, 집 밖에서 끼니는 거르지 않았는지, 허방에 복사뼈를 행여 찧지 않았는지, 양말에 구멍이 뚫리지 않았는지.

홀로 있을 때 혼자를 잘 대해야 할 이는 누구보다 자신이다. 손톱 틈에 때가 끼었을지라도, 두 손을 가슴께로 올리며 곱게 위로해야 한다. 생각의 몸에서 냄새가 심하게 나면 물을 적당히 데워 비눗물로 씻겨라. 속살을 드러내는 게 부끄러워 손사래 칠지 모른다. 괜찮은 표정을 먼저 하고 나서, 괜찮다고 말하라. 통째 이해할 것 같은 생각 가운데, 등을 돌려 저녁이 돼도 돌아올 줄 모르는 게 있다. 단번에 기댈 것 같은 생각도 다시는 기댈 수 없는 언덕이 되기도 한다.

저녁노을은 잠자는 기억을 깨운다. 기억은 기쁜 무늬보다 아픈 결을 깊게 새겨 추억으로 잇기 마련. 아픈 추억의 문은 아름다운 풍경을 배경으로 열린다. 삶이, 시간이, 이들을 껴입은 기억이, 누추했으므로. 누추했던 기억을 사골처럼 우려먹고 살 건 아니지만, 탄력 잃은 고무줄 같은 현재의 삶을 긴장되게 조여준다. 그때 어찌할 수 없게 컸던 아픔이나 깊은 상처를 빛바랜 흑백사진처럼 추억 속에서 꺼낸다.

그림책 같은 저녁노을을 돋보기로 본다. 옛일이 읽힌다. 궁한 집 식구로 태어나면 먹는 것이나 입는 게 변변할 리 없다. 설이나 추석이 오면, 다른 아이들은 새 옷을 입고 고샅길을 구석구석 날았다. 명절이 코끝에 닥친 대목장에 어머니는 삶은 나물을 고무 광주리에 이고 시장으로 가셨다. 그때 어머니의 신발코가 뚫린 걸 보고도, 지극히 철없는 새끼들은 어머니에게 매달려 옷을 사달라며 졸랐다.

그때의 저녁노을도 지금처럼 황홀했다. 아침 일찍 집을 나선 어머니는 그때까지 돌아오지 않으셨다. 마을 뒷산인 남산이 노을을 한입에 삼키면 덩치 큰 어둠이 무섭게 찾아왔다. 한 살 터울인 동생과 함께 마을 어귀에서 어머니를 기다렸다. 어느 사람 문장의 밭에 자라는지 모르지만, 그 일을 “엄마 보러 간다.”라고 그랬다. 이 말은 이렇게 수선해야 맞았다. “옷을 보러 간다.”라고.

어머니의 고무 광주리에는 내장이 엉킨 붕어빵 몇 마리밖에 없었다. “옷 장사가 다 죽어버렸더라.”라는 한마디에 동생은 밖으로 울었고 나는 속으로 울음을 삼켰다. 추억의 서랍에 넣어두고 까마득히 잊고 지낸 시간. 변한 건 별로 없고 시간만 낡았을 뿐인데. 시간의 강을 따라가다 보면, 어떤 건 완전히 달리 보인다. 제 몫을 다한 낡은 시간은 삶의 역사를 소곤거린다.

요즘 붕어빵 장수 보는 게 사소하지 않다. 붕어빵 장수가 사라진 건 누군가의 추억이 지워지는 게다. 요즘 설빔 따위도 없다. 입고 싶은 옷이 있으면 비싼 건 아니지만, 그때그때 사서 걸친다. 사라졌다고 다 쓸모없는 건 아니다. 아플지라도 반짝반짝 빛나 삶의 주어로 만들어주는 게 있다. 아프긴 하지만 견뎌온 가치가 돈과 바꿀 수 없는 재산이 되기도 한다.

어머니는 이제 고무 광주리 대신 백발의 세월을 머리고 이고 계신다. 나물을 삶던 손은 잘 쓰지 못해 통증이다. 먼지바람을 일으키며 시장을 오가셨던 발은 지팡이나 유모차 도움을 받아야 한다. 꼿꼿했던 허리는 시옷 자로 꺾였다. 누가 그랬던가. 나이 든다는 건 수레바퀴가 굴러가는 것과 같다고. 어머니의 수레바퀴는 살이 다 휘어지고 바람이 빠졌지만, 존재하는 것만으로도 빛난다.

사소한 상자에 소중한 게 들어있다. 생각과 함께 길에서 돌아오는 길에 떡집이 있다. 꿀떡을 빛깔대로 골라 상자에 넣자 화분처럼 뒤끝까지 향기를 자아낸다. 몇 걸음 건너에 있는 옷집에 들러 어머니의 잠옷을 샀다. 널찍하게 생긴 꽃잎으로 온통 여차저차 도배하다시피 했다. 서쪽 허공으로 진 노을이 떡과 잠옷으로 다시 핀다. 오랫동안 생각의 집을 나갔다가 돌아온 게다.

어머니는 질색하지 않으시고 위로를 간지럽게 받으실까.

2024. 6. 2.

빨래터의 사내와 함께

단원 김홍도가 그린 그림 가운데 '빨래터'가 있다. 빨래터는 빨래하는 장소 이상의 의미를 지닌 곳이다. 옛 여인이 울타리 밖으로 자유스럽게 오가는 공간이 빨래터였다. 허벅지까지 드러내고 빨래하는 여인을 부채 눈으로 훔쳐보는 사내의 표정이 소나기 웃음을 터뜨린다. 난데없이 발화한 웃음소리에 어머니 무릎에 붙어 어린양을 부리던 아이가 놀라서 운다. 단원은 서민이 살아가는 풍속을 즐겨 그렸다.

사내에게 시장 구경이나 하자고 꼬드겼다. 시장통에 가면 지천으로 널린 게 여인이란 말에 내 그림자를 못마땅하게 따라 밟는다. 스물아홉 해째 봐온 시장이지만, 글을 굴리는 일만큼 당기지 않는다. 정오를 한 걸음 뒤에 두고 들른 모래내시장은 산사의 뒤란처럼 적막하다. 시곗줄을 바꾸려고 반 평 남짓한 시계 수리점에 들렀다. 다른 곳에서는 만 원이면 되는 걸 이곳에서는 만오천을 받는다. 주인은 여든 가까운 나이를 끼니같이 드셨다. 자식들에게 손 벌리지 않으려고 일을 계속한다는 말에 단골이 되었다.

시장 주차장 입구에 어물전이 있다. 부모님이 건강하셨을 때 모시고 자주 들렀다. 동태를 사려고 왔다고 하자, 부부가 부모님의 안부를 여쭙는다. 남편은 고향이 목포이고 아내는 전주다. 고깃배를 탔던 남편이 폭풍을 만나 죽음의 문턱까지 간 뒤로 뱃멀미를 지독하게 했다고 한다. 뱃멀미는 바다와 정을 단칼에 끊게 했다. 바다를 쳐다보기도 싫어 아내 고향으로 와서 생선가게를 시작했다. 미더덕과 조개를 덤으로 한 움큼 내어주는 여주인의 손은 늘 간간하고 푸지다.

아버지께서 닭발을 즐겨 드신다, 뼈를 발린 닭발을 이만 원어치 사면 두어 번 맛있게 드신다. 아내는 닭발 요리하는 걸 탐탁지 않게 여긴다. 이럴 때 내가 먹고 싶어서 샀다고 둘러댄다. 꾸지도 않은 꿈을 단원이 그린 그림처럼 말붓으로 그린다. 꿈에 닭발이 눈에 밟혀 당장 먹지 않으면 몸살이 날 것 같다고 하면서. 애 뱄냐고 볼안소리를 하면 글이 나올 모양이라며 너스레를 편다. 닭발을 파는 데는 생선가게에서 뒷걸음으로 열 발쯤에 있다. 옛날통닭이란 이름을 붙이고 튀김 닭도 함께 판다. 효자라고 치켜세우는 주인아주머니의 말이 호박 조청처럼 우선 듣기에 다디달다.

부모님께서 고향을 떠나온 지 열여섯 해. 고향에서 드셨던 음식을 기억의 창고에서 이따금 꺼내신다. 요맘때 새조개를 회로 무치거나, 새꼬막을 살짝 데쳐 먹으면 입맛이 살아난다고 하시며. 부모님이 그린 입맛의 지도를 따라가면 침샘이 춤을 춘다. 새조개를 여기서 찾는 건 나무에 올라 고기를 구하는 꼴일 터. 차에 꼬막을 자갈처럼 싣고 다니며 파는 풍경을 본 기억이 시장 밖으로 몸을 밀어낸다. 눈을 크게 뜨고 봐도 새꼬막은 꼬리도 보이지 않는다.

새꼬막 대신 젓갈. 아버지는 갈치속젓을 좋아하신다. 젓갈집에 들어서면 실수로 엎지른 소금물 같은 짠내가 얼룩으로 박혀 있다. 몇 번 본 아주머니가 낯을 오래 익힌 사람 대하듯 "뭣 줘?"라며 끝말을 없앤다. 이때다 싶게 "갈치속젓. 아버지가 드시려고." 물건을 흥정할 때 해요체가 쓸데없이 붙인 장식일 때가 있다. 기름기를 뺀 삶이 가끔은 딱딱하지 않고 몰랑몰랑하다. 말길을 서로 물컹하게 텄으니 사려는 사람이나 파는 사람이나 흥정은 싱거울 수밖에. 청양고추와 마늘을 넣고 불에다 살짝 익히면 맛있다며 오징어 젓갈을 덤으로 내어준다. 곰소에서 젓갈집을 크게 하는 동생한테 직접 가져와서 싱싱하다는 말을 두 차례 얹으면서. 싱싱하다는 말밭에 소금꽃이 핀다.

검정 비닐봉지 셋이 자리싸움하지 않고 몸을 살갑게 맞대며 따른다. 젓갈집 건너편에 신발집이 있다. 뒷굽이 사정없이 내려앉은 아버지의 털 신발이 떠올랐다. 신발집 아저씨는 한 손을 쓰지 못하지만, 웃음꽃을 떨어뜨리지 않는다. 유모차를 앞세우고 회관으로 마실 나서는 아버지의 뒷모습은 시위 없는 활이다. 신발 뒷굽이 닳을 대로 닳은 아버지는 등을 어디에 기대고 버티셨을까. 박성우 시인은 「또 하루」라는 시를 "사람은 뒷모습이 아름다워야 한다"라고 갈무리한다. 아버지께 허공도 되어 드리지 못한 죄스러움의 목록을 하나 지운다. 신발집을 나서는 마음의 뒷모습이 걸레질한 창틀 같다.

봉지가 넷으로 늘었지만, 양어깨는 수평이다. 길에서 사과와 배를 파는 할머니를 만났다. 오가며 튼 안면을 어머니라고 스스럼없이 부르기에 이르렀다. 작업실에 사과가 있지만, 한 바구니 샀다. 그냥 놔두시라고 해도 두 개를 더 넣어주신다. 삼천 원에 파는 봄동도 달라고 했다. 오천 원을 드리고 나서 뒤도 돌아보지 않고 한참 내달렸다. "거기 서 봐. 맨날 이렇게 하면 안 돼."라는 말씀이 눈발처럼 분분히 날린다.

붕어빵을 열 마리 샀다. 부모님은 제과점 빵보다 붕어빵을 좋아하신다. 아내는 길거리 음식에 대해 등을 보인다. 살다 보면, 음식 맛보다 추억의 맛이 입맛을 끌 때가 있다. 커피가 당겨 시장통 이웃에 있는 카페에 들렀다. 장보기를 마친 여성으로 시끌벅적하다. 나온 커피를 앞에 두고 손전화를 보는 척하면서 그들의 풍경을 잠시 훔친다. 흥정에 관한 무용담이 대하소설처럼 흐른다. 따질 것 없이 우리는 얼마, 얼마, 얼마의 항렬을 가진 혈육이다.

장터가 이토록 근경이었다니. 참, 빨래터의 사내는 어디로 갔을까.

2025. 1. 31.

그 섬, 금오도

뭍과 섬은 서로를 향해 자력을 품고 있는 것일까. 뭍사람은 섬을 그리워하고 섬사람은 뭍을 꿈꾸나니.

어린 두 딸을 30여 년 전 하늘로 황망히 먼저 보내고 말았다. 하늘과 땅이 한꺼번에 무너졌다. 이후 태어난 아들은 앞을 전혀 보지 못한 채 세상에 아침이슬같이 왔다. 눈을 열어보려고 전주에서 서울에 있는 병원까지 올해로 스물일곱 해를 오갔다. 안압을 낮추는 수술을 다섯 번이나 하고. 이럴 때마다 아내는 아픈 아들과 함께 바다를 다녀오자고 했다.

녀석은 갓 돌 지난 아이 지능에 체구는 대여섯 살밖에 되지 않는다. 게다가 말문까지 막혔다. 할 수 있는 게, 시도 때도 없이 자신을 때리고 소리 지르는 것밖에 없다. 이런 아들을 아내가 집에서 스물일곱 세월 동안 돌보고 있다. 아내와 아들은 뭍에 살고 있지만, 섬이나 다름없다. 중증 복합장애를 앓는 아들이나 어미인 아내는 발만 이 세상에 들여놓았을 뿐, 뭍 바깥의 사람이다.

중증 복합장애를 앓는 사람이 있는 집안은 순간순간이 급 굽잇길이다. 하루하루가 해발 구천 미터의 벼랑이다. 이래서일까. 아내는 눈먼 아들에게 파도 소리를 자주 들려주고 싶어 한다. 꿈은 꾸는 대로 이루어지지 않는 법. 열 여섯 해 전부터 팔순 중반의 부모님과 함께 살고 있다. 몸이 한 군데도 성한 곳이 없는 부모님을 떼놓고 바닷길에 오르기가 마뜩잖을 수밖에. 아버지께서 얼마 전에 코로나에 덜컥 걸렸다.

코로나 예방 접종을 하지 못한 아들 때문에 집안이 난리가 났다. 아픈 아들을 데리고 마땅히 가 있을 만한 곳이 없었다. 부모님께서 차라리 며칠간 바람이나 쐬고 오라고 하셨다. 이렇게 하여 떠난 섬이 금오도이다.

첫째 날, 전주에서 출발하여 돌산 신기항에 이르러 12시 배를 탔다. 뱃길로 20여 분 걸리는 금오도는 절대의 섬이다. 대부분 섬이 다리를 이어 뭍 아닌 뭍이 되었건만. 금오도는 한사코 다리로 뭍과 애매하게 섞이는 것을 거부한다. 이러한 단호함은 술김에 부리는 객기가 아니라, 유유히 흘러온 역사의 배짱에서 비롯한다.

금오도는 조선시대 일반인의 출입과 벌채를 금하며 나라에서 아낀 곳이다. 특히, 고종황제가 명례궁에 하사하여 '명성황후가 사랑한 섬'이라는 별명도 가지고 있다. 고종 21년(1884)까지 왕실의 궁궐을 짓거나 보수할 때 쓰는 소나무를 기르고 가꾸기 위해 봉산으로 지정하였다. 당연히 민간인이 들어가 살 수 없었다. 태풍으로 많은 소나무가 쓰러져 봉산의 기능을 잃자 민간인의 입주를 허용하였다.

배가 슬슬 몸을 풀자 눈앞에 화태교가 선녀의 옷자락같이 걸쳐 있다. 배의 심장소리가 굵어지자 흰 갈매기 떼가 배꼬리를 따른다. 이들은 몇몇 승객이 던져 준 새우깡을 애석하게 놓치지 않으려고, 낙하하는 새우깡의 행간을 쉼표 없이 날았다. 바다가 내어준 게 예전과 달리 인색하다. 이러할지라도 섬사람이나 바닷새에게 바다는 끊을 수 없는 아모르 파티이다.

바다의 머리 부분을 읽고 몸 글을 펼칠 즈음, 배가 금오도 여천항에 당도했다. 바다가 지겨울 겨를 없었고, 파도 소리가 싫증 날 틈 없어 섬에 대한 그리움이 여전히 닳지 않았다. 배에서 내리자마자 허기가 지름길로 왔다. 뭍에서 즐겨 먹지 않았던 짜장면이 차지게 당겼다. 선착장에서 그물을 손질하는 어르신께 중국집의 행방을 여쭈었다.

"남면 농협 쪽으로 가면 있어라. 아마 방풍 짜장면이 먹을 만할 것이요. 방은 잡았소?"

임의로운 전라도 말이 귓문을 열고 구수하게 들어왔다. 방풍은 방풍나물을 일컫는다. 방풍나물은 금오도의 명물이다. 섬은 바람길에 있어 어디든 바람이 많이 분다. 섬에 있는 집은 대부분 담을 처마 높이로 쌓는다. 이 땅에 이름같이 사는 게 얼마쯤이랴. 방풍나물은 바람을 막아준다는 이름값을 하며 산다. 3월과 4월이 제철이다.

원식당은 금오도에 하나뿐인 중국집이다. 아픈 아들을 데리고 식당으로 함께 갈 수 없어 나 혼자 들어갔다. 그리 넓지 않은 자리에 사람으로 가득 차 쾌분잡하였다. 방풍 짜장면을 두 그릇 시켰다. 일반 짜장면보다 1,000원 더 비쌌다. 짜장면이 곧 나왔다. 한 그릇은 차에 있는 아내에게 갖다 주고, 혼자서 짜장면을 먹었다. 푸르스름하게 쫄깃한 면을 마파람에 게 눈 감추듯.

숙소는 솔레이유 펜션으로 잡았다. 바다가 코앞에 누워 있었다. 다른 곳보다 비쌌으나, 바다를 좋아하는 아내를 위해 크게 맘먹었다. 마음 한구석에서는 아무것도 보지 못하는 아들에게 내내 미안했다. 숙소에 들어서자마자 머리를 때리며 악을 쓰는 아들에게 속으로 물었다.

"왜 사느냐고?"

"금오도 바닷가에서/ 눈먼 아들에게 물었다/ 왜 사느냐고/ 아들의 하얀 눈이/ 껌벅껌벅 꺼졌다 다시 꺼졌다// 말문 무겁게 닫혀/ 말 못 하는 아들에게 물었다/ 왜 사느냐고/ 강냉이 알보다 작은 이가/ 알콩달콩 모여 웃었다// 묵묵부답인 아들 앞에서/ 볼 것 못 볼 것 다 보고/ 할 말 못 할 말 다하며/ 툴툴거리고 씰룩거리며/ 살아온 게 낮 뜨겁다/ 금오도 바닷가에서/ 사는 것은 세월을 견디며/ 동동 떠 있어야 한다는 것을/ 나와 아들 사이를 잇는/ 파도 울음을 들으며 알았다."

-(졸시 「금오도 바닷가에서 아들에게 묻다」 전문)

해거름 무렵, 아내와 아들이 쉬는 동안 밖으로 나왔다. 질 때야 비로소 눈부신 게 있다. 바다로 지는 노을을 보자 꽃멀미가 났다. 저뭇해진 건너편의 섬이 불꽃을 우렷하게 피우며 아슴아슴 지워졌다. 아낙 셋이 방파제에 앉아 낚싯대를 던져놓고, 섬 밖에 있는 새끼들 이야기를 꾀꾀로 했다. 집에 계신 부모님이 생각나 눈이 자꾸 사붉어지다 이내 초근해졌다.

둘째 날, 숙소를 기쁨조이펜션으로 옮겼다. 아들로 인해 다른 여행객을 불편하게 하지 않을 요량으로 별관을 잡았다. 불편한 게 많아 기분이 뜨악했지만. 하룻밤 바람같이 머물다 갈 것, 기분 상하지 않으려고 애써 외면했다. 오전에 내가 아들을 보는 사이에 아내가 비렁길 1코스를 다녀왔다. 비렁은 '벼랑'을 뜻하는 전라도 말이다. 비렁길은 총 다섯 코스가 있다. 과거에 현지인이 낚시하거나 땔감을 하려고 다녔다. 이제는 금오도를 찾는 사람이 빠트리지 않고 찾는 명소가 되었다. 비렁길을 다녀온 아내의 얼굴이 온통 낯꽃으로 만발했다. 아내가 찍은 사진마다 죄다 비경이었다.

점심때가 가까워져 직포 해수욕장 근린에 있는 비렁 3길 식당에 들러 우럭탕과 서대회를 포장으로 주문했다. 여전히 아픈 아들을 데리고 식당에 들어가는 게 힘들었으므로. 플라스틱 용기에다 음식과 찬을 담지 않고, 냄비와 그릇째 싸주었다. 그릇을 통째 건네준 인심이 작작하고 오졌다. 음식을 먹는다는 건 단순히 한 끼를 때우는 게 아니다. 음식은 때로 향수의 목차를 떠올리게 하고 시들해진 추억의 맛을 부활케 한다.

고향 순천을 떠나 전주에서 우리와 함께 살고 계시는 부모님은 간혹 고향 음식을 앨범같이 펼치신다. 이맘때는 무엇이 나오고 무엇이 맛있을 때라는 식으로. 이 목록 가운데 서대회가 한 줄 차지한다. 서대는 연중 맛볼 수 없고 여수를 중심으로 남도에서만 맛볼 수 있다. 수분이 많고 지방이 적은 데다 비린내가 없고 육질이 좋아 담백하다. 서대회는 입에서 눈같이 녹는다. 주문한 서대회와 우럭탕으로 숙소에서 점심과 저녁을 먹었다. 여행의 여운은 음식 맛으로 남는다. 새콤달콤한 서대회의 뒷맛이 여운으로 오래 남았다.

점심을 먹은 뒤 아내가 아들을 보는 동안 나는 비렁길 3코스에 올랐다. 비렁 3길은 직포에서 시작하여 갈바람통전망대, 매봉전망대와 비렁다리를 거쳐 학동에 이른다. 날씨가 지물지물하더니 비가 어중간하게 내렸다. 우산을 준비하지 않아 후회했으나, 소나무와 동백숲이 비를 얼추 막아줬다. 깎아지른 절벽에 쉼표같이 자리한 소나무 몇 그루가 해풍에 흔들리는 모습은 단순한 풍경이 아니었다.

"바람도 미끄러져 도무지 멎지 못할/ 비렁길 강파른 벽 늘 푸른 쉼표 몇 개/ 해풍에 흔들리면서 맨마루를 빚느니"

-(자작 시조「절경」 전문)

매봉전망대 나무 계단에 앉아 숨을 골랐다. 바다가 한눈에 들어왔다. 금오도는 주위에 크고 작은 여러 섬을 달고 있어 외롭지 않다. 오히려

식솔을 여럿 거느린 아비 같아 고단한 듯하고, 이들을 다 품는 어미 같아 사늑하다. 비를 몰고 온 바람이 바다를 건너오자 파도가 몹시 출렁거리며 섬이 흔들렸다.

누구든 삶의 바다에서 파도를 만나 아픔의 원심력으로 흔들리기 마련이다. 사는 것은 흔들리는 것과 화목하게 손잡고 지내는 것이다. 우리가 기대고 사는 것치고 흔들리지 않는 게 없다. 요지부동할 것 같은 땅도 지진에 흔들리며 운다. 믿음의 제방도 때로 의문의 폭우에 무너져 내린다. 흔들리면서 이내 우리는 중심을 잡고 산다. 섬처럼 섬같이.

셋째 날, 간밤에 하늘이 불빛을 토하며 비가 내렸다. 아침이 되자 언제 그랬느냐며 볕이 났다. 숙소 바로 앞에 있는 몽돌해변이 비에 씻긴 뒤라 그런지 한층 더 맑았다. 아내와 함께 아들을 데리고 나왔다. 파도 소리를 들은 아들이 손을 물속으로 넣었다.

"내가 눈을 떠서/ 이 세상 볼 수 있다면/ 가장 보고 싶은 것/ 엄마 얼굴입니다/ 엄마 얼굴 어떻게 생겼을까?/ 아마 호수처럼 생겼을 거야/ 아니야, 난 아직 호수를/ 한 번도 본 적 없으니까/ (중략) / 엄마 마음 어떻게 생겼을까?/ 분명, 바다처럼 생겼을 거야/ 바다를 한 번도 본 적 없지만/ 엄마는 늘 파도 소리 들려주셨으니까"

- (자작 동시 「엄마 얼굴」 가운데 일부)

11시 배를 타고 그 섬을 나섰다. 그 섬 물컹하게 만지는 비. 물새들 어던가 머물고 있을 땅도, 솜털 젖듯이 시나브로 촉촉해질 터. 그 섬 단걸음에 건너온 바람, 잔돌의 옷깃 뒤흔들다가, 파도의 목소리 속속들이 꺼낼 터. 그 섬 줄곧 피어나는 안개꽃. 섬과 섬 임의롭게 어깨 걸치고, 근경과 원경 한 족속으로 섞일 터. 하늘 쪼개는 번갯불 속에서도, 우리 섬에 발 들인 빗방울로, 서로에게 강같이 흐른 날 있었던가. 잠시 잠깐 뒤돌아볼 일 없이, 우리 섬에 다가가는 바람으로 흔들리다, 중심으로 이내 멎었던 때는. 우리 물끄러미 바라보는 눈빛으로, 한데 단단히 엮이고 묶이여, 그 섬으로 떠 있던 날 며칠이런가.

섬은 뭍에서 떨어져 있는 원경의 거리가 아니라, 무엇이든 안아주는 근경의 품이다. 섬은 다리를 마다하고 뱃길을 고집해야 섬스럽다. 뱃길을 통해 원근을 핑계 대지 않고 가고야 마는 그리움의 종착지이다. 흔들리면서도 주저앉지 않고 서 있는 끈질긴 삶이다. 섬에서 만나는 건 섬사람이나 절경 이전에 우리 자신이다. 그 섬, 금오도에서 마음의 눈밖에 없는 아들을 절박하게 만났다. 바다의 그 섬, 금오도를 그리움같이 등 뒤에 두고 뱃길 따라 뭍섬에 발을 들였다.

〈 2022년 섬 여행 후기 공모전 (해양수산부 주최) 최우수상 〉

하얀 강

쌀을 씻는다.

쌀이 되기 이전엔 나락. 나락 이전에는 볍씨. 볍씨의 눈이 싹을 틔우면 모로 자란다. 모는 커서 벼가 된다. 벼는 결속된 힘으로 비바람을 견딘다. 이뿐이겠는가. 흙 목욕하는 멧돼지의 가림막이 되기도 하고 이들의 주린 배를 채워주기도 한다. 벼 한 톨 한 톨은 낮은 숲. 사람 사는 마을의 더러워진 공기를 푸르게 씻는다. 벼는 강줄기를 막지 않는 거대한 댐이다. 여름 한 철, 멋모르고 쏟아지는 폭우의 발걸음을 얼마 동안 붙잡아둔다.

시간은 가끔 추억의 수레바퀴를 달고 엽서같이 온다. 지금은 기계로 모를 내고 추수하지만, 예전엔 사람 손으로 일일이 했다. 모내기할 때면 마을이 온통 축제였다. 어린 나이에 모내기하는 집 논의 지번을 속속들이 꿰었다. 쌀밥 한 공기가 간절했던 시절, 기억의 회로에 절박함이 터를 잡았다. 밥때를 맞춰 어머니가 품앗이로 모내러 간 집의 들녘에 가면 쌀밥을 배불리 먹었다. 덤으로 받은 주먹만큼 큰 알사탕은 달다 못해 씁쓰름했다. 모내기하는 들판엔 노래가 멎지 않았다. 못줄을 잡은 사람의 "이 논배미 다 심으면"이란 선소리에 맞춰, 모심는 사람이 "저 논배미로 넘어가세. 어이야 어이야"라며 뒷소리로 호응했다.

벼는 주인의 발소리를 들으며 자란다. 벼가 익을 때 주인이 자주 들른 데로 고개를 숙인다. 벼 입장에선 자신을 키워준 사람에 대한 예절이랄까. 오랜 기다림은 그리움이 되고 오랜 그리움은 기다림이 된다. 기다림과 그리움의 어원은 발소리다. 발소리는 어머니의 심장이 뛰는 소리다. 결속된 힘으로 살아가는 벼도 누군가가 그리울 때가 있다. "잘 크구나. 이 자식들." 농부는 벼를 쌀 이전에 양육하는 새끼로 여긴다. 갓난아이는 엄마의 심장 소리를 듣고 사랑을 먹어야 건강하게 자란다.

어린 모는 물을 좋아한다. 아무리 가물어도 논바닥엔 물기가 남아 있어야 한다. 비를 내릴 줄 모르는 마른하늘을 품은 논배미마다 올챙이가 입을 크게 벌린다. 말을 배우지 못한 올챙이는 올갱올갱 옹알이를 한다. 벼 이삭과 이삭 사이에 그물을 친 거미는 빈 그물에 몸이 야윈다. 미꾸라지는 몸을 땅속 깊이 미끄럽게 비틀어 기상청 일기예보에 귀 기울인다.

비는 나뭇잎의 배꼽을 환히 드러내고서야 온다. 이런 모습을 보고 농부는 비설거지를 서두른다. 무턱대고 불쑥 찾아온 손 때문에 난감한 일을 겪은 사람은 비의 예의가 어느 정도인지 안다. 논바닥에 빗방울이 들으면 벼는 물론 벼에 붙어사는 생명은 축제를 치른다. 개구리가 비 목욕하면서 부르는 합창은 음표가 단조롭지만, 언제까지 들을 수 있을지 모를 노래다. 우렁은 물에 젖어 물컹해진 풀잎을 찾아 모처럼 외식을 푸지게 한다.

벼가 자라는 논배미는 단순한 논바닥이 아니다. 생태가 살아 숨 쉬고 문화가 계보를 잇는다. 추수한 벼는 곧장 쌀이 되지 않는다. 차가 한적하게 다니는 길가에 질펀히 누워 가실 볕을 받아들여 제 몸의 수분을 날린다. 볕을 고루 쐬려고 주인이 고무래로 다섯 선을 만들면 산에서 날아온 새가 소리표로 내려앉는다. 벼는 새 떼에게 껍질에다 까끄라기까지 기꺼이 보시한다. 길바닥에 있는 벼는 알곡에다 쭉정이, 흙먼지와 이런 저런 벌레의 사체가 공존한다.

살다 보면, 맘에 든 사람만 곁에 두고 살 수 없다. 사람 사이에 묻혀 있어도 고독할 때가 있다. 먹고 싶은 것만 먹고살 수 없듯이 맘에 들지 않은 사람 사이에 있는 다리를 끊을 수 없는 노릇. 알곡 같은 이는 알곡 같은 이대로, 쭉정이 같은 이는 쭉정이 같은 이대로, 고루 섞여 살 수밖에. 사람뿐이겠는가. 우주에는 셀 수 없는 생명체가 존재한다. 이 가운데 쓸모없는 목숨이 하나라도 있을까. 잡초나 해충이란 말은 이런 의미에서 모진 모욕이다.

쌀이 세상 사람에게 외면받는 시절이다. 이렇게 살든 저렇게 살든 삶이 바위 같았던 때, 밥심 하나 믿고 살았던 쌀에 대한 신뢰가 무너지고 있다. 너무 잘 먹어서 몸에 탈이 나는 시절, 쌀밥은 탄수화물 덩어리란 누명을 뒤집어쓰고 천덕꾸러기가 되고 말았다. 우리 땅에서 자라지 않은 국적 불명의 먹거리가 우리의 끼니를 빼앗은 지 오래다. 자식 같이 키운 벼가 비룟값이나 농약값도 건지지 못하자 벼를 갈아엎는 농민도 있다. 평생 땅에 기대며 살아온 땅에 대한 믿음이 깨진 탓. 땅에 대한 신뢰나 믿음을 알맹이로 여기고 살아온 사람에게 절망은 쭉정이와 같다.

밥때는 단순히 도돌이표의 끼니가 아니다. 한솥밥이란 이름으로 모인 이름은 누구나 식구가 된다. 알이 토실하게 들어찬 볍씨가 알알이 모여 가족별자리로 빛난다. 문안이 부재하고 뜸한 시대에 "밥 먹었느냐?"라는 말처럼 따시고 살가운 인사가 또 있던가. 쌀을 씻는다. 뽀얀 강이 묽어지고 묽어지다가 마침내 맑아진다.

쌀 익는 냄새가 지느러미를 펼치고 유영한다.

2024. 9. 2.

오늘의 뉴스

훗날, 역사의 한쪽으로 오늘을 누군가 기록하리라. 오늘을 맑은 하늘로 그릴까. 잿빛 구름으로 그릴까. 세상에 여러 일이 일어났다. 이 하루도.

봄이 턱 밑까지 발을 들였다. 남녘은 홍매화와 청매화가 몸을 함께 풀고 있다. 냉기의 꼭지가 닳아지면, 꽃과 꽃 사이를 꿀벌이 자유형의 몸짓으로 헤엄쳐 다니리라. 불길하게도, 여왕벌이 서거하고 있다. 여왕벌이 없는데, 일벌이 일할 힘이 생기랴. 충직한 사내들은 자신이 섬기는 여왕의 죽음과 함께 순장하고 말 터이니.

꿀벌의 떼 장례는 꿀벌의 슬픔으로 끝나지 않는다. 수박이 죽고 복숭아가 죽는다. 포도가 죽고 사과가 죽는다. 대추가 죽고 감도 죽는다. 이뿐이랴. 고추밭에 고추가 열리지 않고 참깨밭에 참깨가 여물지 않는다.

탱자나무 울타리를 주소지로 둔 탱자가 행방불명된다. 꽃의 유산은 우리가 먹을 먹거리 생태계를 수목장같이 만들리라.

물가가 걷잡을 수 없이 뛴다. 덜 먹고 안 쓰며 버티는 데도, 집세가 오르고 난방비가 배로 뛰고 먹거리 가격도 줄타기한다. 서민이 자주 먹는 라면과 즐겨 마시는 소주도 값이 솟는다. 있는 사람이야 계단 한두 개 더 오른다고 여기면 될 일. 없이 사는 사람은 춥게 자느냐, 미지근하게 자느냐 따위의 체온과 관련된 문제다. 끼니를 출출하게 맞느냐, 그냥 넘기느냐 따위의 먹고사는 문제다.

자존감 없는 사람은 문제가 생기면 다른 사람 탓으로 책임을 돌린다. 이 정권 인사 대부분은 전 정권이 잘못하여 문제가 생겼다고 입을 모은다. 투사의 덫에 걸려 마음을 앓는 사람 같다. 정권을 잡은 한 가닥 자부심이라도 있다면, 승화의 미를 노래해야 하지 않을까. 문제를 일으킨 원인은 전 정권이 추진한 무슨 정책 때문이다. 이런 대안을 가지고 언제까지 문제를 해결하겠다. 그때까지 견디며 좋은 날을 기다리자. 이런 대통령이나 위정자가 있는 나라의 국민으로 살고 싶은 소망은 사치일까.

모 당 대표를 뽑으려는 모양이다. 후보자 사이에 뾰쪽한 언어와 날 선 문장을 주고받으며 야단법석이다. 모 후보가 자신의 부동산 문제를 제기한 후보에게 정치 생명을 걸자고 제의했다. 생명은 고스톱판에서 내는 화투패가 아니다. 좋지 않은 패를 들고 무조건 고하거나, 못 먹어도 고하면 돈을 잃기 마련이다. 답답한 마음에서 던진 승부수일지 모르나, 생명이라는 말을 경건하게 쓰는 나라에 살고 싶다. 지나친 욕심일까.

사막에 사는 사막꿩이 동해안에 나타났다. 76년 만에 찾아왔다고 하니 행로가 궁금할 수밖에. 사막꿩은 사막에 살면서 풀씨를 주식으로 삼는 새라고 한다. 한 생태전문가는 길을 잃은 새라고 짐작했다. 이 미조는 사막에서 먹은 풀씨를 척박한 땅 곳곳에 얼마나 많이 뿌렸을까. 아마 사막을 벌같이 날아다니며 자신이 먹고산 풀만큼 풀밭을 만들고도 남았으리라. 우리 생에 받은 대로 주지 못하고 받은 만큼 감사하지 못하며 사는 날이 몇 날이랴.

챗 GPT이 기도문을 쓰고 시를 쓰고 소설을 쓴다. 물론 산문까지. 궁금한 내용을 물으면 척척 알려준다. 한집에 사는 사람도 식구와 이야기하는 시간보다 핸드폰과 만나는 시간이 더 많은 시절. 이에 덧대 우리 시대의 시인이 사라지고, 문장가가 죽고, 상상의 대가가 없어질지 모른다. 존경하는 대상이 사람이 아니라, 모 회사가 만든 챗 GPT일지도. 사람이 사는 세상에 문장의 주어가 사람이 아니라, AI일지도. 시대에 뒤처진 사람이라고 자수하지만, 마음의 기상이 쾌청해지지 않고 자꾸 흐릿해질까.

늘봄학교가 시작하기도 전에 덜컹거린다. 늘봄학교는 학교에서 저녁까지 아이를 돌봐주는 제도이다. 교육부가 시범학교를 정해 새 학기부터 하려고 했지만, 교사의 가슴을 열지 못하고 있다. 어떤 정책이든 오랜 시간에 걸쳐 계획하고 당사자와 마음을 통한 뒤 시작해야 탈이 없다. 아내 병을 간호하던 70대가 아내와 함께 죽으려고 집에 불을 질렀다. 뜻대로 되지 않았다. 왜 그랬느냐는 어리석은 질문에 너무 힘들어서 그랬다는 평답을 달았다. 학교가 모두 늘봄학교이고 아파도 죽기 싫은 나라는 지구 어디쯤 있을까.

자신이 맡은 반 학생에게 다른 학우를 때리게 한 초등 교사가 벌을 받았다. 특정 학생을 교실 바닥에 엎드리게 한 뒤, 열다섯 명 학생에게 때리게 했다. 친구에게 맞은 학생은 몸으로 받은 상처보다 마음으로 당한 상처가 깊숙했으리라. 초등학교 4학년인 어린이라고 모멸감을 모르랴. 폭력은 기억의 집에 눌러사는 그림자이다. 강의하면서 학생에게 존경하는 선생이 있느냐고 종종 묻는다. 열 명 가운데 아홉 명 반은 없다고 단호하게 답한다. 선생의 무늬를 쥐구멍에 넣고 싶다.

튀르키예 안타키아 서남쪽에 규모 6.4에 이른 지진이 일어났다. 땅을 두 번이나 갈기갈기 찢어놓고 성이 차지 않은 모양이다. 우크라이나와 러시아가 벌이는 전쟁은 끝이 뵈지 않는다. 북한이 동해상으로 탄도미사일 두 방을 쐈다. 잊을 만하면 장난감 가지고 놀 듯이 몇 방 날린다. 칼을 주방장이 갖고 있으면 요리 도구지만, 강도가 지니면 흉기가 된다. 탄도미사일이나 칼만 흉기겠는가. 말도 폭탄인 세상인걸.

오늘이 이러할지라도, 지금 심장이 뛰고 있다. 감히, 감사해야 할 일 아닌가. 오늘도 혈류의 강이 흐른다. 감히, 기적이 아니겠는가. 기적은 기적같이 오지 않고 오늘처럼 온다.

장미꽃으로 피었던 오늘이 서산에 지고 있다.

詩가 時가 되는 사회

얼마 전, 열 번째 시집, 『낮잠 들기 좋은 날』을 펴냈다. 내세울 일은 아니지만, 시 짓는 일은 삶의 한복판에 자리하고 있다. 시 한 편을 쓰려면 머리를 단순히 굴리는 것만으로는 한계가 있다.

시는 삶의 결정체다. 일상이 글이고 삶이 문학다워야 시가 영글게 잉태한다. 우선 세월을 아끼며 살아야 좋은 글이 탯줄을 자르고 나온다. 사적으로 날마다 거르지 않고 하는 게 일곱 가지가 있다. 말씀 묵상, 기도, 근력운동, 읽기, 걷기, 탄수화물 줄이기, 글쓰기이다.

새벽에 일어나면 먼저 성경을 본다. 나태하기 쉽고 흐트러지기 쉬운 삶을 말씀을 통해 붙잡는다. 성경 속에는 여러 인물이 나오고 많은 사건이 있다. 믿음의 성숙도를 떠나 예수의 가르침을 맘속에 새기면, 맘의 씀씀이가 널찍해진다. 누군가와 비교하는 잣대를 느긋하게 할 수 있고 시샘하고 질투하는 마음을 지울 수 있다. 타인이나 세상으로 향한 시선을 내 안으로 돌려, 마침내 주어진 것에 감사하려고 애쓴다.

기도는 절대자와 나누는 대화이기도 하지만, 맘속에 새긴 이름을 꺼내 축복하는 시간이다. 누군가의 삶을 응원하고 잘 되기를 바라는 마음을 나누다 보면, 그 사람을 사랑하지 않을 수 없다. 이런저런 상처를 떨치지 못하고 사는 사람, 사람과의 관계가 비뚤어져 맘 상한 사람. 세상에 홀로 남겨진 듯하여 고독의 옷을 벗지 못한 사람을 위해 기도하면, 마음이 골고루 평평해진다. 김현승 시인은 "가을에는 기도하게 하소서"라고 했다. 어찌 기도를 가을에만 하려 했겠는가. 기도는 계절이 없다.

삶은 근력을 키우는 과정이다. 건강하게 생각하고 독자의 가슴을 울리는 글을 쓰려면, 영육이 함께 실해야 한다. 노화나 대사증후군은 근력과 밀접하게 관련 있다. 나이를 먹으면서 근육량이 줄어 당뇨나 고지혈증이 발병한다고 한다. 글쓰기를 일상화하려면, 글 쓰는 근력 못지않게 육체적으로 근력을 늘려야 한다. 돈을 비싸게 들이거나 시간을 축내지 않고 집에서 할 수 있는 근력운동이 많다. 아령이나 캐틀볼과 같은 도구로 집에서 얼마든지 할 수 있다.

쓰기는 읽기·말하기·듣기와 더불어 언어활동 가운데 한 영역이다. 좋은 글을 쓰려면, 책을 많이 읽어야 한다는 고전은 차라리 지루하다 못해 식상하다. 책을 읽는다고 글을 잘 쓰거나 유능한 사람이 되지 못한다. 자신이 사는 그릇만큼 될 뿐이다. 읽는 삶을 글을 만드는 삶으로 만들려면, 삶에서 책 읽은 체험을 풀어써 먹어야 한다. 책은 오감을 동원하여 읽어야 맛을 제대로 느낀다. 독서 노트를 활용하여 기록하고 글을 쓸 때

창의적으로 접목하면 글쓰기의 밑거름이 된다.

365일 가운데 360일은 두 시간씩 걷는다. 길은 시상의 보고다. 길 위에서 오로지 홀로 흐른다. 보행의 강은 적막하다. 밤 깊은 시각, 물길을 따라 걷다 보면, 아중천의 복사뼈 근린에서 소양천이 연리지처럼 몸을 보탠다. 사람 사는 마을과 멀어질수록 어둠에 대한 공포심이 지워지고 평온함이 깃든다. 길에서 얄팍한 자존심을 튕겨내고 뼈 있는 어휘를 포집한다.

길에 있는 것은 어느 것 하나 풍경 아닌 게 없다. 존재하는 것은 단순히 자리를 차지하는 게 아니다. 누군가의 등을 댈 배경이 되고, 지그시 바라보는 풍경으로 직립해 있다. 징검다리는 누군가에게 짓밟히면서도 어떤 자리에 있다. "그 자리에 누군가 꼭 있어야 한다고 확신하므로. 그 일을 자신이 해야 할 일이라고 신념함으로. 누군가를 짓밟는 것보다 자신이 밟히는 것이 더 낫다고 여기므로. 물살이 다가와 끊임없이 쓰다듬고 어루만져주므로."(자작시 「존재의 의미」 징검다리)

시는 궁핍과 결핍의 결정체다. 먹고 싶은 대로 다 먹고 비만해지면, 몸뿐만 아니라 영혼도 기름기로 넘친다. 몸이 망가지면 영혼도 손볼 데가 늘어나기 마련. 아침과 저녁은 삶은 달걀이나 과일로 때우고, 점심만 밥을 맛있고 달게 먹는다. 허공에 길을 내며 걷는 새처럼 몸을 가볍게 만들려고 탄수화물을 최대치로 줄인다. 때에 따라서는 기름진 저녁을 피하려고 저녁 모임에 나가는 걸 포기한다.

날마다 한 줄이라도 글을 쓰려는 건 한마디로 삶의 운율을 유지하는 것이다. 글 쓰는 리듬을 한 번 잃으면 글쓰기의 권태기가 찾아온다. 권태기가 오면 글쓰기의 회복 탄력성을 찾는 데 시간이 오래도록 늙는다. 모든 사물을 눈여겨보고 우주의 음성을 귀여겨들으면서 기록하는 걸 잊지 않는다. 뻐꾸기의 목젖 떨림, 꿀벌의 날개 떨림, 물억새의 심장 박동, 낮달의 하품, 짝을 찾지 못해 똥줄이 타는 수컷 새의 붉은 낯에 이르기까지. 삶이 아니고 글감 아닌 게 하나 없다.

시인은 불어나지만, 시를 읽는 독자는 줄고 있다. 고급스러운 카페의 커피 한 잔 값과 시집 한 권 값이 서로 맞먹고 사는 시절. 소란스러운 세상을 잠시 벽하고 시심에 젖은 독자가 늘어나길 하나님께 기도하면 고개를 끄덕이실까?

2024. 5. 30.

뭍섬

이른 저녁 산책길, 콘크리트 바닥에 있는 틈 사이로 개미 떼가 옹기종기 새까맣다. 천변 한자리에 풍경으로 서 있는 물 버드나무는 바람을 향해 머리카락을 퍼렇게 풀고, 전라선 고속열차의 쇠 걸음은 묵직하게 빠르다. 서울 경기 지역의 하늘이 찢겼다는 풍문을 사소하게 흘려보내며 길을 찬찬히 밟는다.

땀을 비 맞듯 흘리며 돌아오는 길, 서울 모 교회에서 전도사로 사역하는 큰아들이 전화했다. 서울엔 비가 너무 많이 와 길이 바다같이 되었는데, 집엔 별일 없느냐며. 폭우만 아열대 성질을 버리지 못하고 국지적으로 쏟아지랴. 아픔도 사는 마을이 달라 어느 땅엔 울울창창하고, 어느 곳엔 발아하지 못한 씨같이 말라붙으니. 아들이 비가 펑펑 쏟아지는 서울 하늘 아래에 있는데도, 서울에 내리는 비는 나와 상관없는 물방울쯤이었다.

아픔에 대해 느끼는 통증은 지극히 자기중심의 굴레를 맴돌며 이기를 웃자라게 한다. 자신에게 닥친 감기가 다른 사람이 앓는 암보다 아프다고 느끼기 마련. 두 해 전, 집 옆을 흐르는 계곡 둑이 폭우에 무너졌다. 인근 마을은 다리가 끊어지고 사람이 물에 휩쓸려 내려갔다. 무너진 둑을 임시방편으로 복구했다. 워낙 피해를 크게 입은 곳이 많아 정식으로 복구하는 예산의 옆구리에 끼지 못했다. 큰비가 오면 다시 무너질 게 뻔한 상황에서 온 가족이 조각잠을 붙여야 했다. 국민 신문고를 두드리고 관계기관에 민원을 귀찮게 넣어 복구하긴 했지만.

서울 신림동 반지하에 살던 일가족이 폭우로 인해 하늘길에 올랐다는 비보가 둥둥 떠다녔다. 삶을 반올림하지 못한 채 둥지를 반지하에 틀고 산 사람의 이야기여서 가슴이 더 막혔다. 뜻하지 않게 들이닥친 물의 거센 압력에 바람에 잘도 열렸던 문은 단단한 벽이었을 것. 절박하게 외쳤을 살려 달라 라는 말을 물이 한입에 집어삼키는 바람에 메아리 없는 외침이었을 것. 이 문장은 물 빠진 신발장에 진흙을 뒤집어쓰고 몇 켤레로 남았을 것.

정장 구두를 신고 현장에 나타난 모 나리는 이들이 주무시다 변을 당한 것 아니냐고 수행원에게 말했다. 상상력을 상식적으로 발휘했다면, 잠이 왔을 리가. 두 해 전 있었던 일이 화질 좋은 영상같이 복원되었다. 집 옆 계곡 둑이 무너진 상황에서 처마에 바람만 스쳐도 비 올 기미가 아닌가 싶어 온 가족의 맘이 졸아들었던 게. 제법 높은 땅에 들인 방에서 살았지만, 빗소리는 공포를 몰고 오는 폭군이었다.

섬은 바다에만 주소지를 두지 않는다. 육지에 숨어 살기도 한다. 우리의 의식 가운데 꼭꼭 감추고 잊어버린 뭍섬이 있다. 우리 눈이 아득히 멀어 섬을 뭍섬으로 보지 못했을 뿐. 반지하가 폭우에 힘을 쓰지 못할 것이라는 생각은 편견이다. 우리의 눈이 반지하를 집 같은 집으로 보지 않는 한. 이곳에 사는 사람을 몇십억씩 하는 집에 사는 이와 같은 사람으로 여기지 않는 한. 재난에 대응하는 인식은 사후보다 사전이 중요하고, 신속하고 누구에게나 공평해야 한다.

영화 '기생충'에서 반지하는 화소를 이끌어가는 주요 공간이다. 하늘에 뜬 별은 바라보는 이의 몫. 별이 뿜는 빛줄기는 밤길의 절망을 잠들게 하고, 길을 올바로 걷게 하는 꿈을 준다. 지상을 등지고 사는 사람은 낮이 밤 같고 밤이 더 밤 같을 수밖에 없을 것. 「밤하늘에 쓴다」라는 시에서 모 시인은 입안엣소리로 고백한다. "언젠가 그 언젠가는/ 저 산 저 바다 저 하늘도 너머/ 빛과 어둠 너머/ (중략) /우린 다시 만날 거지요"

'언젠가 그 언젠가는' 잠시도 놓칠 수 없는 소망이다. '산'과 '바다'와 '하늘'은 고난이나 시련, 만남을 방해하는 장애물을 뜻한다. 단테의 『신곡』에 빗대면, '어둠'은 사랑의 왜곡과 결핍을 '빛'은 사랑 안에서 온전함을 추구하는 것이다. '우리 다시 만날 것'은 사랑을 온전히 이룬 자의 행복을 나타낸다. 우리는 오늘을 설령 뙯게 살면서도 모질게 견딘다. 내일을 달게 만날 수 있으리란 꿈을 풍성히 꾸며. 우리는 꿈을 꿀 때 더 성장하고 내일과 동료가 될 때 더 성숙한다.

몇십억씩 한다는 서울의 집값, 태초부터 이런 집에서 살 수 있는 사람은 소수이다. 대부분은 뭍섬에 갇혀 산다. 낮이나 밤이나 하늘을 등지고. 별이 뜬 밤하늘에 꿈을 쓸 몸붓을 고단하게 세우며. 꿈은 꾸는 대로 성급하게 이루어지지 않으므로, 태만을 차디차게 내쫓으며. 순간순간 찾아오는 절망의 손을 뿌리치면서.

허공을 잠시 걷던 왜가리 한 마리가 물길에 섬같이 떴다. 이내 물의 지면에 뜬 별을 건지려고 부리를 참방참방 꽂는다.

그리운 벌

수염을 깎는다. 너는. 딱히 잘 먹는 것도 없는데, 수염은 잘도 자란다. 장독대 근린의 돌 틈에 피어나는 채송화같이. 장맛날 논둑에 자라는 잡초처럼. 하룻날도 수염을 깎지 않을라치면, 얼굴에 뭔가 묻은 것 같아 면도할 수밖에.

큰아들이 생일선물로 사준 전기면도기가 네게 있다. 전기면도기는 쓰기 편리하지만, 묵혀둔 지 오래되었다. 날 있는 면도기로 수염을 깎아야 직성이 풀리므로. 유별나게 깔끔떠는 네 성격 탓도 있지만, 귀 얇은 것도 한몫했으리라. 꽤 오래전, 모 대학병원 성형외과 과장과 식사하는 자리였다. 면도가 피부 노화를 더디게 한다면서 목까지 잘하라고 했다.

수염은 아침에 세수할 때 주로 깎는다. 일상 가운데 하나라고 여기고 하지만, 귀찮을 때도 있다. 바깥에 나갈 일이 없는 날은 그냥 놔둔다. 예술인이나 연예인 가운데 수염을 멋있게 기르는 사람이 많다. 멋스러움을 놓치지 않으려면 세심하게 관리해야 한다고 한다. 아름답게 빛나는 배후에는 그만큼 힘을 들이고 시간을 쏟아야 할 터.

초등학교 2학년인가 3학년 때 담임 선생님은 털보였다. 한 선생님이 연달아 담임을 맡았으니. 남자 선생님인데도 시간이 날 때마다 벽에 붙어 있는 거울 앞에서 옷매무새를 고치셨다. 속 호주머니에서 빗을 꺼내 머리를 자주 빗고 구레나룻을 다듬으셨다. 겉잡아 30대 후반에 이른 나이에도 총각처럼 보였다. 몸가짐은 늘 체체했고 마음이 늡늡하여 여학생에게 인기가 많았다. 남학생인 네가 봐도 선생님은 매력이 콸콸 넘쳤다.

쌀밥 먹는 게 힘들었던 시절은 입을 옷도 궁하기 마련. 시내에 사는 먼 고모뻘 되는 아이들이 입다가 버릴 정도인 옷에다 네 몸을 겨우 맞춰 입었다. 철없는 마음에 선생님이 되면 입고 싶은 옷을 맘대로 입고 수염도 멋있게 기를 수 있다고 여겼다. 선생님은 반장인 너를 특별히 예뻐하셨다. 일기를 잘 쓴다고 칭찬하시며 굵직한 색연필로 동그라미 다섯 개를 늘 그려주셨다. 너를 키운 것 그때의 동그라미였다.

날마다 일기를 쓴 탓에 네 글쓰기의 근력은 날로 탄탄해졌다. 이때부터 너는 문학가와 선생님이 되겠다고 꿈꿨다. 기억의 고개 너머에 있었던 일이 뭉뭉하게 떠오른다. 시내에 있는 백일장 대회에 참석하려고 어머니께서 병수 옷을 몰래 빌려온 일. 이른바 '소사'라고 부르는 아저씨의 자전거 짐짝에 실려 시내를 처음 간 일. 다 쓴 원고를 내고 돌아올 때 비를 흠뻑 맞은 일. 병수가 네 집 앞에서 "내 옷 내놔. 도둑놈아!"라고 하면서 울고 있었던 일.

이런 어수선한 서사에도 너는 도시에 있는 아이들을 제치고 큰상을 당당하게 받았다. 체육관이나 강당이 있을 리 없던 시절, 운동장에 전교생이 모인 자리에서 상장과 트로피를 받았다. 선생님께서 너보다 더 기뻐하셨다. 번호순으로 옥수수빵을 먹었던 때. 번호를 어기면서까지 옥수수빵을 선생님께서 네 책보자기에 두 개나 넣어주셨다.

어느 날, 산수 시간쯤이었을 게다. 숫자와 태생적으로 친화력이 없는 탓에, 산수 시간은 재미가 없어 늘 지루했다. 지루함은 다른 대체 행동을 일으키기 마련. 앞에 앉아있는 여학생 머리카락을 꽈리로 틀어 네 연필을 꽂았다. 여학생이 한두 번 "하지 마"라고 부드럽게 말했지만, 너는 그만두지 않고 되레 즐겼다.

여학생이 "하지 말라고."라는 말끝에 울음을 풍선같이 터뜨렸다. 100여 개의 눈동자가 일제히 네 쪽으로 향했다. 곧이어 선생님께서 네 이름을 부르셨다. 이 소리는 단순히 호명하는 게 아니라, 꿩 잡는 포수의 공기총 소리같이 폭발적으로 울렸다. "야! 반장이 수업시간에 장난치고 그러냐?" 선생님 얼굴이 가마솥같이 달아올라 얼굴에 있는 털을 금방 태울 것 같았다.

반장은 수업시간에 장난치거나 떠들면 안 된다는 걸 그때 알았다. 반장은 주로 떠드는 학생 이름을 칠판 모퉁이에 적거나 청소시간에 대충하는 아이를 선생님께 고자질하는 것. 급식소에서 빵을 타다 아이들에게 나눠주고, 군것질 좋아하시는 선생님 심부름으로 학교 앞 가게를 자주 오가면 되는 줄 알았다. 선생님께서 네게 호통치기 전엔.

"이리 나와. 잘못했으면 맞아야지? 맞으면 아프겠어? 안 아프겠어?"
"아··· 파··· 요···"

선생님은 너를 번쩍 들어 올린 뒤, 네 얼굴에 털이 무성한 얼굴을 갖다 대고 비비셨다. "아프지?" 선생님 뺨에서 새물 내가 났다. 순간, 까칠까칠한 선생님 수염이 얼마나 보드랍고 따뜻했던지. 네 눈에 근원을 알 수 없는 눈물이 소나기같이 쏟아졌다.

밤사이 자란 수염을 깎는다. 거울 속에 선생님이 자꾸 어른거린다.

2022. 12. 21.

최재선 수필집

당신이 그대로 계시므로

인쇄 2025년 6월 25일
발행 2025년 6월 30일

지은이 최재선
발행인 서정환
펴낸곳 수필과비평사
주소 서울시 종로구 삼일대로 32길 36(익선동 30-6 운현신화타워 빌딩) 305호
전화 (02) 3675-3885, (063) 275-4000 · 0484
팩스 (063) 274-3131
이메일 sina321@hanmail.net essay321@hanmail.net
출판등록 제300-2013-133호
인쇄 · 제본 신아출판사

ISBN 979-11-5933-578-5 03810

값 16,000원

Printed in KOREA